JN307943

# ・ローマ帝国衰亡史

川高志
Takashi Minamikawa

岩波新書
1426

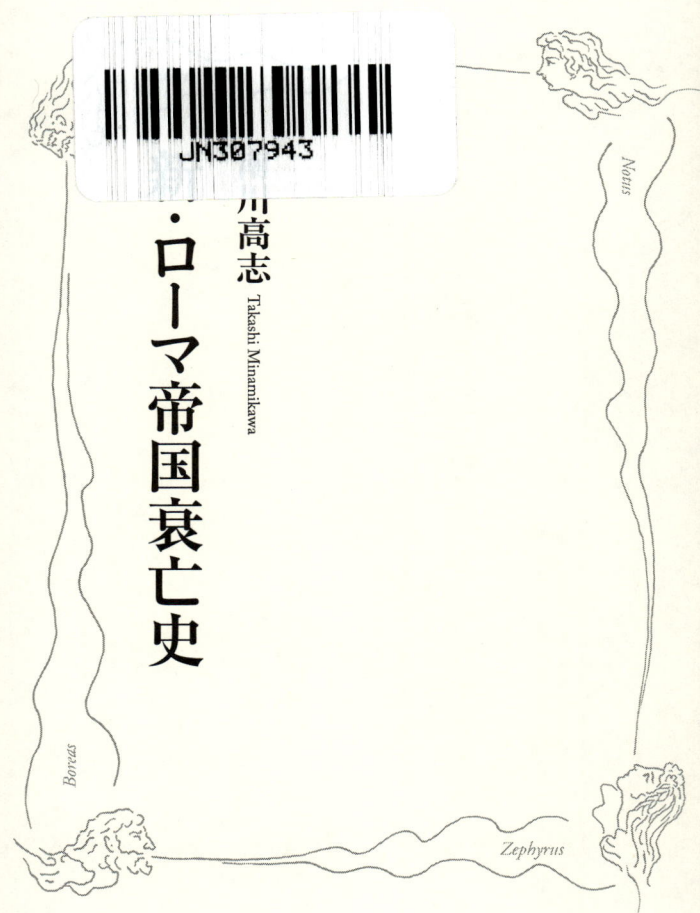

目次

＊本書では原則として、ローマ時代の地名ではなく、その地の現代の地名を表記する。古名を用いる場合は、現代の地名を併記する。

＊本書に掲載した図版は、巻末に出典を示したものをのぞき、著者自身の撮影または作成による。

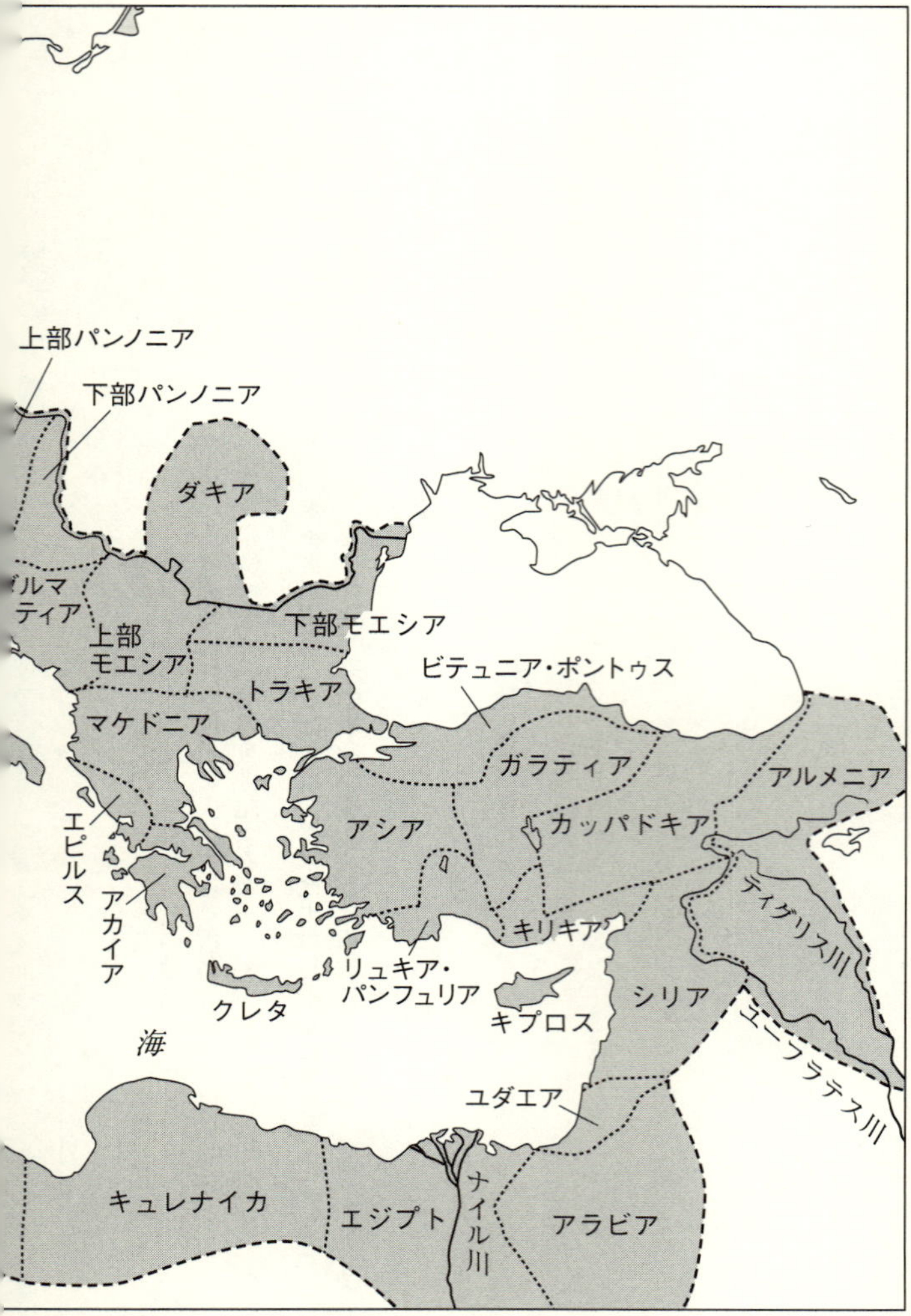

上部パンノニア
下部パンノニア
ダキア
ルマ
ティア
上部
モエシア
下部モエシア
ビテュニア・ポントゥス
トラキア
マケドニア
ガラティア
アルメニア
エピルス
アシア
カッパドキア
アカイア
ティグリス川
キリキア
リュキア・
パンフュリア
シリア
クレタ
キプロス
ユーフラテス川
海
ユダエア
キュレナイカ
エジプト
ナイル川
アラビア

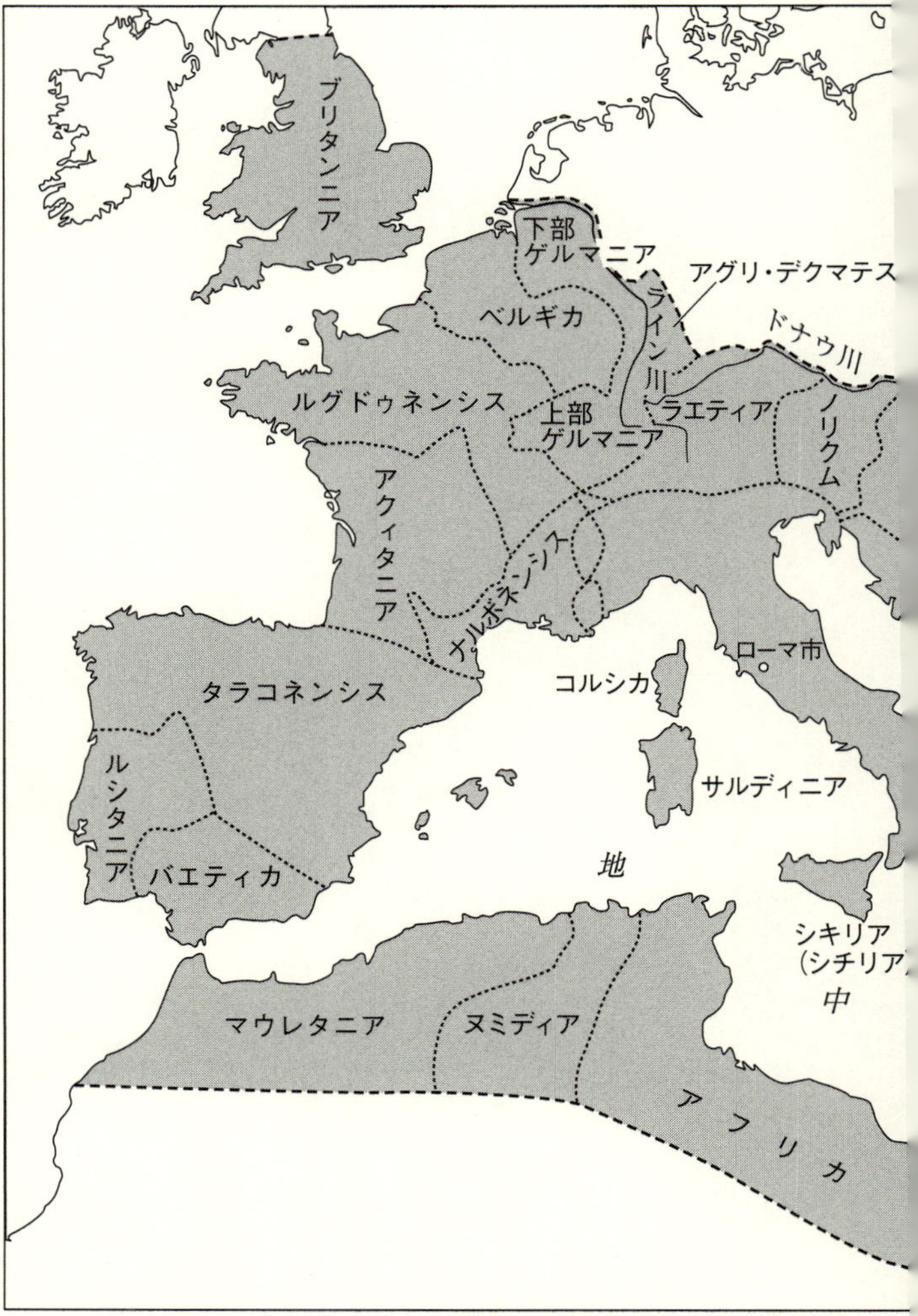


帝国最盛期，トラヤヌス帝治世（98〜117 年）末期のローマ帝国

# 序章　二一世紀のローマ帝国衰亡史

古代から、世界各地に数多くの大国が興り繁栄し、やがて衰退・消滅していった。そして、そうした大国の衰亡の過程や原因もまた、数多く描かれ語られてきた。その最も代表的な例はローマ帝国の衰亡だろう。古代世界に史上稀に見る強大な帝国を築いたローマ人については、近代に入って、一八世紀には、フランスのモンテスキュー、そして何よりイギリスのエドワード・ギボンがその衰亡史を叙述し、その後も引き続き数多くの歴史家や作家などが好んで取り上げ、様々に描いてきた。衰亡の原因についても実に多様な学説が提示され、一説には二一〇種類に及んでいるという。こうした描き方や学説の多さは、もちろん歴史研究の進展や論者の研究分野の違いにもよるけれども、歴史の見方、描き方、解釈が、語られる時代の産物であることにまずは発するといえるだろう。歴史家や作家、論者の生きた時代が、衰亡史の叙述、学説の背景にある。では、二一世紀にふさわしいローマ帝国衰亡史はいかに書かれるべきなのだろうか。

**ローマ帝国の衰亡と衰亡史**

この小さな書物で私が語ろうとするのは、まさにこのローマ帝国衰亡史である。ギボンの大著『ローマ帝国衰亡史』で有名なこのテーマについて、私は新書の紙幅で書こうと試みた。読者には無謀な挑戦と思われるかもしれないので、まず私の意図と本書の課題を説明しておこう。

イタリア半島中部の小さな都市から出発したローマ人の国家は、紀元前三世紀前半までに半島を統一し、さらに領土を広げて、前一世紀の終わり頃には地中海周辺の諸地域をほぼすべて支配下に入れた。かのカエサル(ジュリアス・シーザー)のガリア遠征以降、アルプスの北の地域も次々領土に加えて、紀元後二世紀前半の最盛期には、北は現在のイギリス(ブリテン島)から南はエジプト南部まで、西はモロッコ、東はイラクや黒海沿岸までの広大な領土がローマ人の統治するところとなった(巻頭地図参照)。領土内には皇帝が率いる中央政府の統治と都市の自治が行き届き、公用語や法律、度量衡が整備された。領内各地、特に被征服地にもイタリア風の都市生活が普及し、また遠距離交易も盛んにおこなわれた。ローマ人の国家は、単に武力による征服だけでなく、高度の統治と文明を達成した点でも、史上類を見ない「帝国」の成功例となった。

しかし、その帝国も、三世紀に入ると全般的な危機に見舞われる。政治的混乱と経済活動の衰退、帝国の外に住む諸部族の攻撃と領内での分裂がローマ帝国を苦しめた。この危機を克服した三世紀末以降の後期ローマ帝国では、それ以前の国家と異なり、皇帝による独裁的な政治体制が強化された。また、急増した軍隊と官僚を維持するべく財政至上主義的な政策がとられたため、重税を課された人々は、次第に職業選択や移動の自由を失うようになった。この間、宗教においても伝統的なギリシア・ローマ風宗教(キリスト教側から「異教」と呼ばれる信仰)が衰退して、迫害を凌いだキリスト教が帝国の国教の地位を得た。一時安定していたローマ帝国は、四世紀後半から始まったゲルマン民族の大移動によって「蛮族」の侵入に悩まされ、混乱の中で三九五年に東西に二分された。四一〇年には「永遠の都」ローマ市もゴート族に占領・略奪されるに至る。そして、東の帝国は後にビザンツ帝国として新たな発展を見、一五世紀半ばまで続いたが、西の帝国は、ゲルマン民族の移動と部族国家建設の嵐の中で、四七六年に最後の皇帝がゲルマン人の傭兵隊長に廃位されて、ついに消滅した。

以上が、ローマ帝国の衰退の経過に関する伝統的で一般的な説明である。一八世紀、啓蒙主義の時代に生きたイギリス人のギボンはその『ローマ帝国衰亡史』の中で、ローマ帝国を衰退させ滅亡に至らしめた原因をゲルマン人とキリスト教に求めた。そして、ギボンと異なる衰亡原因論を述べる論者は多いものの、ローマ帝国の衰亡がすなわち古代の終わりに等しいと見られ、様々な議論の前提とされてきたことは間違いない。五世紀の西ローマ帝国の消滅と並行して、西ヨーロッパでは新しい中世世界の政治秩序が形成されたと考えられてきたのである。

ところが、一九七〇年代以降、歴史学界では新しい解釈の傾向が生じて、一九九〇年代にはそれが有力となった。古代の終焉期に関する新しい研究においては、ローマ帝国の「衰亡」や西ローマ帝国の「滅亡」を重視しないのである。

## 「衰亡」から「変容」へ

「変化」よりも「継続」が、政治よりも社会や宗教が重視されるようになり、「ローマ帝国の衰亡」を語るのではなく、「ローマ世界の変容」が問題とされるようになった。そして、帝国の最盛期とされる二世紀に始まり、八世紀のフランク王国カール大帝の時代にまで継続する、古代でも中世でもない独自の価値を持つ時代、「古代末期」が提唱されるようになって、この考えに沿った研究が盛んにおこなわれた。そこでは、ギリシア・ローマ文明を高く評価する伝統的な姿勢は希薄化し、また政治・軍事よりも宗教生活やその時代を生きた人々の「心のありよう」(心性)に研究の重心が置かれた。そのため、ローマ帝国の衰亡は感傷的なメロドラマとして歴史学の表舞台から引きずり下ろされたのである。

こうした新しい研究傾向と並行して、ゲルマン民族の大移動の破壊的な性格を低く見積もり、移動した人々の「順応」を強調する学説が提唱されるとともに、ギリシア人、ローマ人以外の古代世界住民の歴史と文化をより重視しようとする動きも見られた。研究の新傾向は特にアメリカやイギリスなど英語圏の学界に特徴的で、その背景には、二〇世紀後半の多文化主義的な傾向やポスト植民地主義の影響、そしてヨーロッパ連合(EU)の統合進展などがあると指摘されている。ローマ帝国の衰亡の理解、扱いもまた、時代の子なのである。

この書物で私は、こうした学界の傾向とは異なり、ローマ帝国という政治的な枠組みの意義を重視する。そして、この国家の枠組み、およびそれによって作られていた世界が衰退し崩れ去る局面を取り上げたい。二一世紀に入って、欧米の学界で「ローマ帝国の衰亡」を重視すべきという主旨を持つ著作がいくつか発表されるようになって、今後の学界の動向が注目されるが、それらを参考にしつつも、この書物では私の独自の考えで「衰亡史」を語ることとする。「独自の考え」とは、衰亡の過程の史実に関する創見を意味するのではなく、ローマ帝国の本質に関する見方のことである。長らくローマ帝国の最盛期を研究してきた成果を踏まえて、衰亡史を書いてみたい。その考えの特に重要な点は、次のことである。

ローマ帝国は、イタリアに発し、地中海周辺地域を征服して帝国となった。そのため、ローマ帝国は一般に「地中海帝国」と理解され、性格づけされている。また、ローマ帝国の歴史叙述の中心はイタリアやローマ市に置かれており、衰亡史もまた、ローマ市がゴート族に劫略され、イタリアに残った西ローマ帝国の皇帝権が消滅してゆく過程を主軸にして描かれてきた。

しかし、本文で詳しく述べるように、国家生成期はともかくとして、最盛期以降の帝国をも「地中海帝国」とみなせば、ローマ帝国の重要な歴史的性格を見誤ると私は考えている。イタリアや地中海周辺地域だけでなく、アルプス以北の広大な帝国領を念頭に置く必要がある。イタリアに中心を置く立場からは辺境と呼ばれるようなこの地域こそが、最盛期から終焉期にかけて、ローマ帝国の帰趨を決めるような歴史の舞台になったところにほかならない。

私は、イタリアやローマ市といった帝国の「中核」地域から論じる伝統的なローマ帝国論よりも、帝国の辺境から考察するローマ帝国論のほうが、新しい研究と解釈の可能性を秘めていると感じている。辺境地域は、帝国の外の世界との対立や交流を通じて、軍事面でも社会文化的な面においても帝国の本質が顕現する場である。私はここしばらくブリテン島やライン川、ドナウ川周辺の帝国領の研究をしてきたが、こうした辺境属州の実態や動向を知ることで、ローマ帝国の統治や生活・文化の形式について、その特質をより深く理解できると考えている。本書ではそうした視角から見た独自の帝国論を、衰亡を語る基礎としたい。

## 本書の課題

さて、以上のような点を踏まえて、本書はローマ帝国が三世紀の全般的な危機を克服したといわれるコンスタンティヌス大帝の時代から論じ始める。そして、五世紀の初めでひとまず締めくくることにする。五世紀初頭の一連の出来事が、事実上西方におけるローマ帝国の終焉となったと私は見ており、このほぼ一〇〇年間の歴史を語ることで、ローマ帝国の衰亡のたいへん重要な局面とその意味するところを論じられるのではないか、と考えているからである。ただし、それらの出来事の中で、有名な四一〇年のゴート族によるローマ市劫略にそれほど大きな意義を認めてはいない。それよりも、同じ頃に生じた辺境での出来事、例えば従来のローマ帝国衰亡史では重視されてこなかったブリテン島のローマ帝国支配からの離脱を取り上げることとなる。

先に紹介した「古代末期」という新しい時代概念、新解釈は、二〇世紀最後の四半世紀の研究成果であった。冷戦が終結し、EUによる欧州統合が進展するとともに、アメリカ化に等しいといって差し支えないグローバル化(およびそれと関連するポスト植民地主義の議論)が進展していた時期である。そして、二一世紀の今日、グローバル化の負の部分が露呈し、アメリカ「帝国」の終焉が語られ、さらに信用危機を発端としてヨーロッパが大いに動揺している。アラブ諸国の政治争乱が収まらない。この現代の世界情勢は、歴史の解釈に直接・間接に影響するであろうか。

海外の情勢ばかりではない。弱体化している経済活動に加え、東日本大震災と福島原発の事故は、日本社会のあらゆる面に限りなく大きな損失となって影響している。領土や歴史認識をめぐる隣国との軋轢が、手を携えて地球社会における共存共栄の道を探らねばならない国際関係に、重苦しい影を投げかけてもいる。明るい見通しを得られない現在の日本にあっては、「国力の衰え」をいろいろな場面で意識せざるを得ないのであり、その雰囲気は、衰亡史の提起する問題に通じているといえよう。

栄えていた国が衰えるというのはどのようなことなのだろうか。それまで当たり前の存在と思われていた世界が動揺し、やがて崩壊してゆくのはどのように理解されるべきだろうか。この重い問いに対して、黄昏ゆくローマ帝国について語りながら、歴史と未来を考える素材を読者に提供すること、これがこのささやかな書物の目的である。

# 第一章　大河と森のローマ帝国
## ―辺境から見た世界帝国の実像―

エドワード・ギボンは『ローマ帝国衰亡史』冒頭の三章を、「両アントニヌス帝」時代のローマ帝国の叙述に当てている。両アントニヌス帝とは紀元二世紀に統治したアントニヌス・ピウス帝（在位一三八～一六一年）とマルクス・アウレリウス・アントニヌス帝（在位一六一～一八〇年）のことであり、ギボンは後者の不肖の息子コンモドゥス帝（在位一八〇～一九二年）の暴政から帝国の衰退が始まるとした。両アントニヌス帝時代、すなわち最盛期ローマ帝国がいかなるものであったのかを説明することは、ギボンにとって、帝国の衰亡を語る前に果たさねばならない大切な作業だった。私もギボンに倣って、まずは最盛期のローマ帝国について説明し、衰亡を語る前提としたい。

**西洋古代文明と地中海**

古代ギリシアもローマも、常に地中海と結びつけて語られてきた。太陽がさんさんと輝く、澄み渡った青い空と紺碧の海を背景にして、草木の乏しい大地に荘厳な神殿が立つ風景――こうした構図がまさに古代ギリシア・ローマ文明であると考えられている。実際、今日ギリシア本土やエーゲ海周辺地域、イタリアや南フランスなどを旅して、その地に残る古代遺跡を訪ねる人々の多くは、このような風景を見て、古《いにしえ》に思いをはせるだろう。

事実、古代文明の成立と発展は、地中海の存在と深い関係を持っている。ギリシア人は、ギリシア本土やエーゲ海周辺地域にポリスと呼ばれる都市国家を発展させて独自の政治形態と文化とを生み出しただけでなく、地中海を自在に航行して交易をおこない、沿岸各地に植民もおこなった。イタリア半島やシチリア島、そして南フランスにも植民市を築いた。

ローマ人は、イタリア半島の中部、ティベリス（テヴェレ）河畔の小さな都市から出発してその国を発展させ、周囲の諸族を征服して、前三世紀にイタリア半島を統一した。さらに南フランスやイベリア半島南部へも勢力を広げて、西地中海地域を支配するフェニキア人の都市国家カルタゴと対立する。三度にわたるポエニ戦争でこれを殲滅したローマは、シチリア島や北アフリカの地中海沿岸部を支配下に収めた。また、西地中海地域の制覇と並行して東のギリシア文化圏へも進出し、前二世紀後半にはギリシア本土や小アジア（現トルコ）をも事実上支配下に入れる。その後もローマの拡大は続き、前六四年にはシリアも領有、前三〇年にはプトレマイオス朝エジプトも滅ぼして、地中海を内海とする巨大な国家を形成するに至った。

こうして、ローマ人は地中海を「われらの海」と呼ぶようになった。しかし、彼らは地中海周辺地域を支配下に入れたにとどまらなかった。故地であるローマ市やイタリアとは気候風土の異なる地域へも進出し、地中海を離れた土地も自分たちの領土に包摂しようとしたのである。この点は、大植民活動をおこなって都市を建てても、海に近い地域を離れることのなかったギリシア人と決定的に異なる。ローマ人は、太陽が輝き明るくて暖かな沿岸部だけでなく、寒くて陰鬱な空模様の多い内陸地域にも支配領域を広げていった。そして、地中海から離れた森や河川、湖や沼沢地などの多い地域を、自分たちの世界に新たに加えたのである。その大きな一歩をなしたのが、ユリウス・カエサルであった。

## アルプスの向こうへ

カエサルは、ポンペイウスとクラッススの二人と政治同盟を結び（いわゆる第一回三頭政治）、前五九年ローマの最高公職コンスルに就任して、翌年から五年間にわたるガリアでの軍隊指揮権を獲得した。そして、自ら執筆した『ガリア戦記』の中で詳しく述べているように、「アルプスの向こう側の」ガリア、すなわち今日のフランスに相当する地域で征服を目指す困難な闘いを続けた。前五四年、さらに五年間の指揮権を手に入れた彼は、敵対する人々を倒して、おおむねこの地域をローマの支配下に置くことに成功する。この遠征によって、ローマはアルプス山脈北側の巨大な空間を、公職者が統治し税を取り立てる「属州」に変え始めたのである。

カエサルはガリア遠征の過程で、現在のスイス方面から北と東に向かうルートも開拓している。スイスのノウィオドゥヌム（レマン湖畔の現ニヨン）には退役兵を入植させ、植民市（コロニア）を建設した。また、前五八年に東方からガリアに侵入したアリオウィストゥス率いるスエウィ（スエビ）族と戦って、これを破り、ライン川の東岸に敗走させ、さらに作戦を進めて、ライン川をローマに敵対する諸部族との境界とした。こうして、ローマ人はライン川以西の内陸ヨーロッパに、属州および軍事上の前哨基地となる拠点を確保した。帝国の領土は、現在のスイス、ドイツへと広がったのである。

さらに、カエサルはガリア征服戦争の途中、二度にわたってブリテン島、すなわち現在のイギリス本土にも遠征を試みている。前五五年夏、二個軍団を船に乗せたカエサルはブリテン島に渡った。ローマ人が海を越えてブリテン島に降り立った、はっきりとした記録が残る最初の出来事である。ローマ人がガリアでの戦争の際に、敵の中にブリテン島からの援軍がいることを知り、遠征を決意したらしい。翌年には大量の船を建造させ、歩兵五個軍団と騎兵二〇〇〇名を乗船させた。八〇〇隻以上にのぼる大船団であった。

しかし、嵐が起こって打撃を受けたこともあり、いずれの遠征も確固たる成果を上げられなかった。そもそもカエサルが、この海の向こうにある未知の大地を征服する意図を本当に持っていたかは疑問である。それほどブリテン島はローマ人にとって、ごくわずかしか知られていない遠い世界であった。だが、このカエサルの遠征によって、多くの情報がローマ人にもたらされ、ブリテン島は、征服欲のあるローマの政治家にとって標的となる距離まで近づいた。

**アウグストゥスと領土拡大**

独裁をしいていたカエサルが前四四年に暗殺され、政治権力の継承をめぐる争いは内乱に至ったが、カエサルの姪の子で養子となっていたオクタウィアヌスがこれに勝利を収めて、ローマ随一の実力者となった。そして、新しいスタイルの政治を始めた。前二七年にアウグストゥスの尊称を受けたオクタウィアヌスは、共和政を尊重しながらも文武の大権を独占的に保持し、強力な政治指導をおこなった。彼は、国家の制度の上では伝統的な政治指導階層である元老院議員の中の「第一人者」(プリンケプス)にすぎなかったが、国家の公職の実質的な権限を集中して保持し、かつ社会や軍隊に張り巡らされたローマ特有の保護・被保護関係の頂点にも立ち、まさに「皇帝」の名に値する人物となった。しかも、その権力や権威は、そのまま彼の私的な相続人に引き継がれてゆき、ここから「王朝」が形成されてゆくこととなる。

こうした独裁的な力を有したオクタウィアヌス・アウグストゥス(以下、アウグストゥスと呼ぶ)の課題は、まずは内乱で乱れたローマ国家の社会的秩序を回復し、荒廃した人心に安寧をもたらすことであったが、それればかりではなく、広大な領土を安定させることもまた、彼の重要な任務であった。エジプトを占領して属州にした後、イベリア半島のローマに服属しない人々との戦いを、盟友アグリッパを用いて完遂した。これによって、地中海周辺の地域はおおむね掌握され、地中海帝国としてのローマ帝国は完成したのである。

次は、養父カエサルと競うかのごとき大陸内陸部の制覇であった。ライン川周辺からライン以東にかけて広がる「ゲルマニア」の支配である(図1−1)。アウグストゥスは、前一二年から前九年にかけて、義子ドルススに三度遠征させ、バタウィ族やカウキ族を服属させ、ライン川の中流域、現在のドイツのマインツ市や下流域のオランダに近いクサンテンなどに根拠地を築かせた。ドルススの行軍は驚異的で、陸と海の両方から進んで、ドイツ東部を流れるエルベ川まで到達したと考えられる。ドルススはまもなく落馬がもとで死亡するが、彼の遠征によりライン川以東の広大な地域の征服が一気にローマ帝国政府の課題に入ってきた。

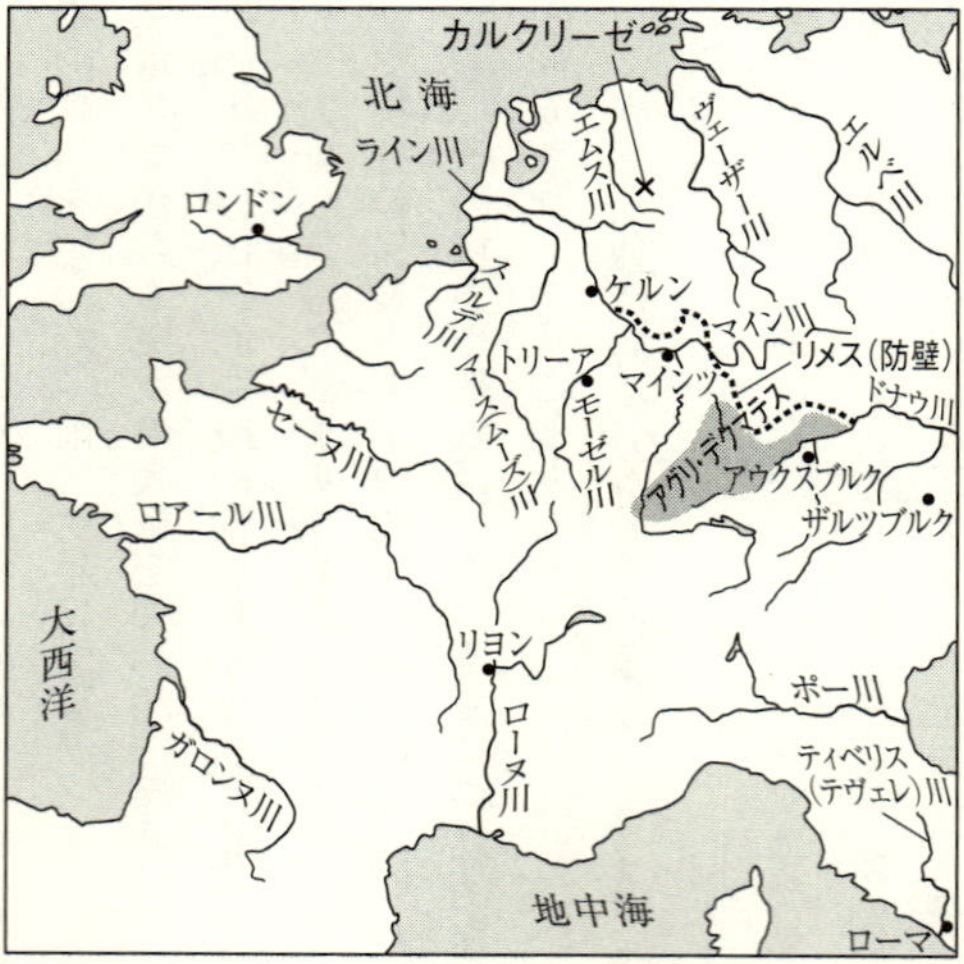

図1-1　アルプスの北のローマ帝国領

しかし、アルプスの北の広大な空間に住む人々を従属させるのは容易でなかった。アウグストゥスは、ドルススの兄で自身の養子としたティベリウスを二度にわたって派遣し、その軍隊は現在のチェコのボヘミアあたりを統治する王マロボドゥウスを攻めた。しかし、後六年、すでに服属させたはずのパンノニア(現在のハンガリーに相当する地域)とダルマティア(おおむね旧ユーゴスラヴィア地域に相当)で反乱が発生し、ティベリウスはその鎮圧のために苦闘せねばならなくなった。

アウグストゥスにとってさらに衝撃的なことが、後九年に起こった。姪の夫にあたるウァルスに指揮させたローマのライン方面軍、三個正規軍団が、ライン川から北東へ進んだところで、ケルスキ族のアルミニウスに率いられたゲルマニアの諸部族からなる軍隊によって全滅させられたのである。これが日本では「トイトブルクの森の戦い」、ドイツでは「ウァルスの戦い」と呼ばれる事件である。ローマ時代の伝記作家スエトニウスは、この敗北後のアウグストゥスについて、次のように書いている。

「実際この時のアウグストゥスの受けた衝撃はたいへんに強烈で、伝えるところによると、数ヶ月間鬚も剃らず髪も伸ばし放題で、ときどき扉に頭をぶっつけては「クィンクティリウス・ウァルスよ、軍団を返してくれ」と叫んでいた。そしてこの惨敗の日は、毎年喪に服し哀悼の意を表していたという」(國原吉之助訳『ローマ皇帝伝』、一部改変)。

しかし、実はこの戦いについて、古代に書かれた詳細な記録はなく、ウァルス敗北後に派遣されたドルススの息子ゲルマニクスの活動に言及した、史家タキトゥスの記事が残るにすぎない。戦場の位置もはっきりせず、ここ二〇〇年間に七〇〇以上の学説が唱えられてきたが、一九八七年、戦いの場所を決定する有力な証拠が見つかった。ドイツ北西部、ニーダーザクセン州の古都オスナーブリュック市の郊外、カルクリーゼという小村(図1－1参照)付近で注目すべき発見があり、その後の発掘で、ローマの貨幣、武具、馬具、そして傷ついた壮年男子の人骨が大量に発見され、ここが古戦場とほぼ認定されたのである。現在は博物館も建てられている。この場所はトイトブルクの森から三二キロメートル離れており、「トイトブルクの森の戦い」という呼称も正確ではないことが判明した。一九世紀に古戦場跡としてアルミニウスの記念像が建てられたデトモルト市からも、七二キロ隔たっている。この地を古戦場と認めない意見もわずかながらあるが、少なくともアウグストゥス治世晩年にローマ軍がここまで来ていたことは確認できよう。この地はライン川から一五五キロ、ローマ市からは実に一六〇〇キロも離れているのである。

**ライン川流域の征服**

ウァルスの部隊の全滅事件から五年を経た後一四年、アウグストゥスは世を去り、二代皇帝ティベリウスは、弟ドルススの息子で自身の養子としたゲルマニクスに命じて、四度もライン川を越えて遠征させた。「ゲルマニア人に対する勝利者」

を意味する「ゲルマニクス」を名に持つ彼は、父ドルススの征服事業を完成させようとして、ウァルスが敗北した地域を含めて軍事行動をおこない、一六年にはウァルスを滅ぼしたアルミニウスにも勝利している。しかし、その翌年にティベリウス帝に召還され、一九年には派遣された帝国東部で謎の死を遂げた。ゲルマニクス以後、ローマの将軍でゲルマニアの奥深くまで遠征した者はおらず、ゲルマニクスの遠征が事実上この方面への大規模な軍事行動の最後となった。

図1-2　復元されたリメスの要塞(ザールブルク)

ローマ支配下に置かれたライン川の西側地域は、当初軍隊による軍管区統治がなされていたが、安定を得るようになった後一世紀の終わり頃には、他の属州と同様、属州総督が責任を持って統治する体制に移行した。さらに、征服した領域を守るために、長大な防壁が築かれた。リメスの名で今日も知られるこの防衛施設は(図1-2)、ライン川の中流付近からドイツ南西部を斜めに横切り、バイエルン州レーゲンスブルク南西でドナウ川に接続する、長さ五五〇キロメートルにおよぶものである。リメスで守られたライン川の東側、ドナウ川の北側の三角地帯は「アグリ・デ

図1-3　ポブリキウスの記念物(ケルン市　ローマ＝ゲルマン博物館)

クマテス」と呼ばれた。

　ローマ軍に守られたライン川沿岸には、次々と町が生まれた。上流から、今日のフランス、アルザス地方のストラスブール、ドイツのシュパイアー、ヴォルムス、マインツ、コブレンツ、ボン、ケルン、クサンテン、そして下流では、オランダのナイメーヘンなどは、この時代のローマの要塞や集住地に都市の起源がある。

　この地域で最も繁栄した都市といえば、ドイツのケルン市であろう。この都市の起源は、アウグストゥスの盟友アグリッパが属州ガリア総督の時、ウビイ族という部族を誘ってライン西岸に集落を作らせたことにある。その場所に後にローマ軍の退役兵が入植した。町は発展して、後五〇年に植民市、つまりコロニアの地位を得ている。ケルンの英語名Cologneも、化粧水オー・デ・コロン(eau de Cologne「ケルンの水」の意)も、このコロニア(colonia)に由来する。最盛時、ケルンの町には三万人が住み、フォルム(広場)や浴場などの公共施設や軍司令部、神殿などがあった。現在、有名な大聖堂に隣接するローマ＝ゲルマン博物館には、ローマ時代のケルンの繁栄を偲《しの》ばせる遺物がたくさん展示されている。第二次大戦中に偶然発見されたディオニュソス神を描いた床モザイクや、この町の有力市民ポブリキウスの、基壇からの高さが五メートルに達する記念物などから、当時の豊かな暮らしぶりが想像され、圧倒される（図1－3）。

**ドナウ川流域の征服**

ライン沿岸地域がローマ帝国領として安定していったのと異なり、ドナウ川の流域は、一世紀の後半にかけて次第に不安定となっていった。ローマの支配地は今日のスイス、オーストリア、そしてハンガリーへと広がっていったが、ドナウ川の中、下流域は支配地域も落ち着かず、外部から領内へしばしば侵入され、帝国領を守るはずの軍団も反乱を起こすことがあった。特に後六八年のネロ帝死後の皇帝位をめぐる内乱は、外部の諸部族に帝国領侵入の絶好の機会を与え、トラキア系ダキア人とイラン系サルマタエ人の諸部族がドナウ川を渡って帝国領を脅かした。皇帝政府は、ライン方面の軍隊をドナウ方面に移動させ、ドミティアヌス帝（在位八一～九六年）は、強大化したダキア人を攻めるため、ドナウ川を渡って現在のルーマニアに相当するダキアに軍を侵入させたが、ダキア王デケバルスに敗北し、軍旗まで奪われてしまった。

こうした事態を打開してドナウ流域に安定をもたらしたのは、最良の元首と呼ばれたトラヤヌス帝（在位九八～一一七年）である。彼のやり方は、それまでの問題の根本的な解決を図ったもので、その分、たいそう手荒な措置だった。トラヤヌスは一〇一年と一〇五年にドナウ川を越えて遠征し、デケバルス王との間で激しい戦闘を展開。ついに一〇六年に王を自殺に追い込み、ダキア人の国の首邑サルミセゲトゥーサを破壊したのである。そして、皇帝自身の名を冠した新しい都市ウルピア・トラヤナ・サルミセゲトゥーサを建設し、コロニアとした。誕生した属州ダキアは、ドナウ川の北にできた唯一の属州である(巻頭地図参照)。後にローマの官憲が撤退してからも、ローマに因むルーマニアの名やロマンス語系のルーマニア語が使われていることからもわかるように、大きな影響を残した。

こうして二世紀の初めには、アルプスの北側の空間が、西はフランスから東はドナウ川の河口まで、今日のヨーロッパ連合(EU)と比較されうるような広大な領域がローマ人の支配下に入ったのである。

**ブリテン島のローマ領**

カエサルが遠征を試みて以来、ローマ人政治家の射程の中に入っていたブリテン島は、皇帝政治が安定してきた第三代皇帝カリグラの時に、再度具体的な政治課題として浮上した。そして、次のクラウディウス帝が後四三年に四万人もの兵員を動員して征服を試み、大陸ヨーロッパに近いイングランド南東部を支配下に置くことに成功する。ローマ人は、ついに地中海とは異なる海を渡ったところにも帝国領を確保したのである。

これ以後約半世紀の間に、ローマ人は現在のイングランドとウェールズ、両地方を支配下においた(図1-4)。スコットランドにも遠征したが、先住者を服属させることはできず、二世紀前半にイングランド北部に島を横切る防壁を築いて、それより南のローマ属州ブリタンニアを守ることとした。世界遺産に登録されているハドリアヌスの長城は、この防壁の遺跡である。ドイツ地域に築かれたリメスに比して、このイングランドの防壁は石造で頑強であった。現在では石材が持ち去られたり土砂に埋まったりして、中国の万里の長城のような壮観な印象はないが、ローマ時代は高さ四・五メートル、厚さが三〜六メートルもあり、外側には防御用の溝が掘られ、一定の間隔で大小の要塞や見張り塔が設けられて、北からの攻撃に備えられていた。

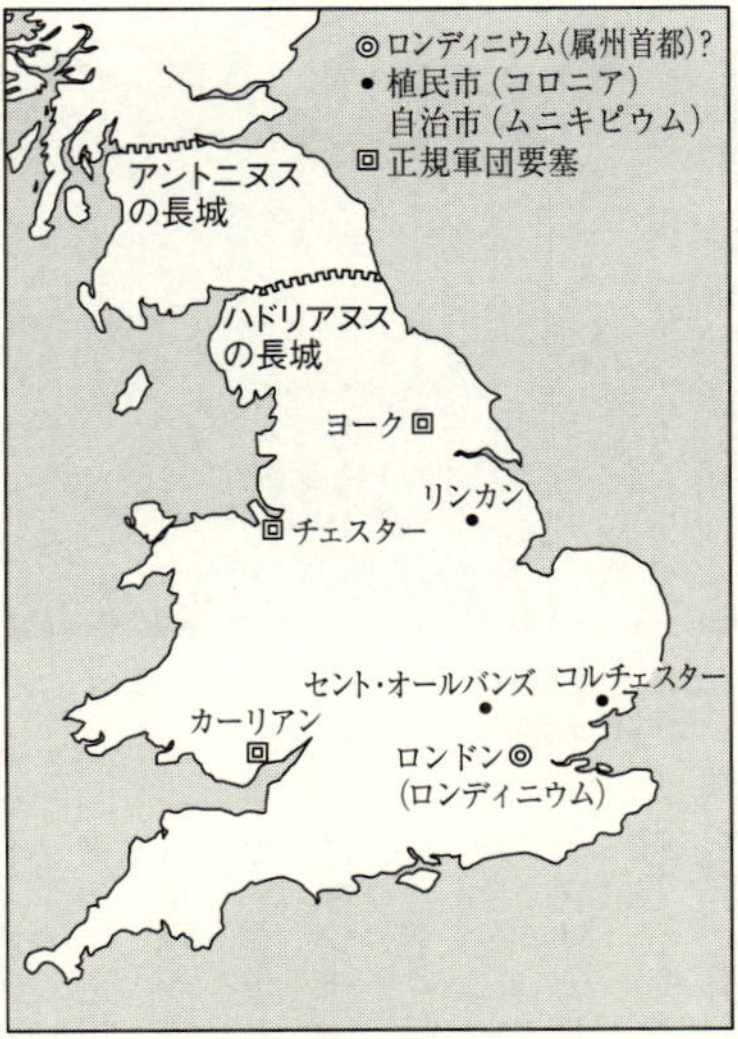

図 1-4　ブリテン島(属州ブリタンニア)

ブリテン島内には、中心都市ロンディニウム、すなわち現ロンドンから放射状に伸びる街道が造られ、要塞やそれから発展した都市が各地にでき、またイタリア風の農業屋敷「ウィッラ」もイングランド南部を中心に広く形成された。ローマの支配に従わない部族がローマ領に侵入したり、属州内部で反乱が起こったりする不安を抱えていたため、ウェールズ地方のカーリアン、イングランド北東部のヨーク、同じく北西部のチェスターに正規軍団が駐屯し、ハドリアヌスの長城周辺にも軍隊が駐屯したが、イングランド地方を中心に、砦から発展して多数の都市的集落ができた。イギリスにはマンチェスターやコルチェスターなどチェスターという名を持つ都市がいくつもあるが、ラテン語で陣営、砦を意味するカストラから転じた呼び名である。

ブリテン島のローマ領には、剣闘士の真剣を用いた殺し合いを見せ物として提供する円形闘技場が、規模こそ大きくはないがロンドンやチェスター、カーリアン、そしてコツウォールズ地方のサイレンセスターに作られた。劇場も、カンタベリやロンドン近郊のセント・オールバンズなどに作られている(図1－5)。公共浴場も数多く遺跡として残されており、セントラルヒーティングの先駆といってよい床下暖房のシステムは、最前線の要塞遺跡にも残る。ローマ人の言葉であるラテン語で書かれた石碑や木板文書、鉛製の呪詛板も多数残っている。

図1–5　ロンドン郊外，セント・オールバンズに残るローマ時代の劇場

こうして、地中海から離れた広大な地域がローマ帝国に加わった。森林が大半で湖、河川や沼沢地が多く、おおむね冷涼な地域で、故地とは相当違う、ローマ人にとって新しい世界であった。この広大な空間をローマ人はどのように統治したのだろうか。以下では、最盛期のローマ帝国の有様を、ローマ市やイタリアを中心に見るのではなく、帝国の辺境に視点を置いて、外部世界との関係も考慮しつつ描いてみよう。

### 帝国支配の様式

新しくローマ帝国に加わったライン川以西の地域とブリテン島、そしてヨーロッパ中央部のドナウ川以南の地域には、もともと先住者が生活する小規模な村落が散在していた。そこに都市的な生活様式を伝えたのは間違いなくローマ人である。ローマは先住者たちに旧来の部族ごとの生活を継続することを認めたが、部族の有力者には税徴収や新兵の補充などの用務を担わせ、また部族の民がローマに対して反抗的態度をとらぬように監視させて、支配の一端を担わせた。同時に、後に詳述するように、有力者にローマ市民権など多くの特権を与え、ローマ市民団の一員へと導き、旧来の部族の生活集団・組織あるいは部族国家と呼んでよいものを統治の基本単位としてまとめ上げた。例えば、ガリアでは、カエサルの時代に六〇を超える数の部族国家「キウィタス」があったが、それらがローマの行政単位のキウィタスとなったわけである。キウィタスの中心地、かつての部族国家の首邑は、次第にローマ風都市の外見をまとうようになった。部族の生活共同体キウィタス(ラテン語 civitas)は、ローマの都市(英語 city、フランス語 cité）に変貌していった。

属州における新しい都市の生成と発展には、ローマ軍も大きな役割を果たした。

### 軍隊の役割

ローマの征服軍が要塞を構えると、要塞の周辺には軍に関係する民間人の定住地ができた（図1－6）。これをカナバエという。カナバエは発展して村落となり、場合によっては軍が移動した後の要塞敷地も含み込んで拡大した。帝政期の比較的早い時期から、境界地帯での移動を前提としていた正規軍団は、次第に一定の基地を得て長く駐屯するようになる。そして、軍を退役した兵士は故郷に戻らず、在勤中に非公式にもうけていた妻子（兵士は在勤中は結婚を禁止されていた）とともに基地の近くに定着し、カナバエから発展した町で暮らし、その有力者となる者も出てきた。町は大きくなり、都市的外観も組織も備えるようになった。

さらにいえば、軍隊は新しく「ローマ人」を生み出す回路としてもきわめて大きな役割を果たしている。「ローマ人」とは、今日の感覚では「国民」のようなイメージを持たれるかもしれないが、まずはローマ市民権を持つ「ローマ市民」のことであり、故地ローマ市と結びついていた。新しくローマ市民となった者は、ローマ市のどこかの地区（トリブス）に登録された。しかし、国家が拡大して後は、新市民はローマ市の市外地区に登録され、政治的な意味はなくなり、さらに新市民自身が必ずしも登録されているローマ市やイタリアを訪れるわけでもなくなる。それでも、「ローマ人」であるためには、ローマ市民権の取得が前提であった。皇帝政

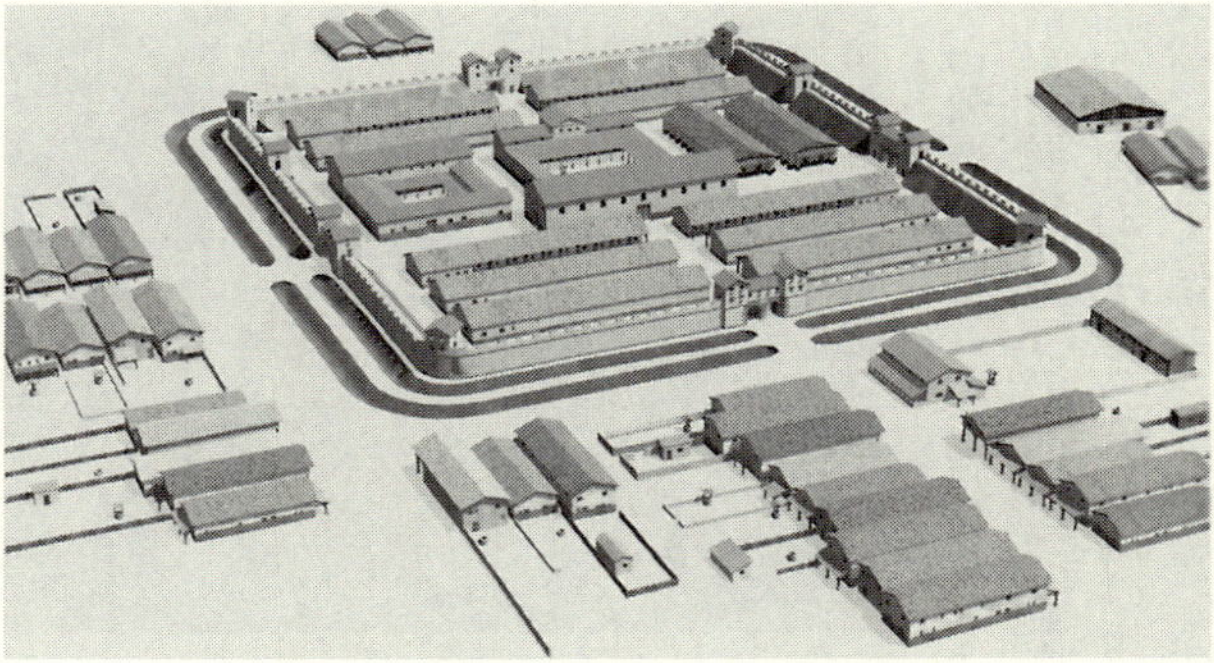

図1-6　ローマ軍要塞とその周囲に形成された民間人定住地．壕で囲まれているのが要塞

府は、このローマ市民権を持たないために正規軍団（レギオ）に入隊できない部族の男性を、補助軍（アウクシリア）として組織した。補助軍といってもローマ人指揮官の下、正規軍団とともにローマ軍の一翼を担ったから、指揮命令系統や訓練はローマ式になされる。そのため、ローマ市民でない者にとっては、ラテン語や、ローマ式の軍隊生活と戦術を学ぶ場となった。無事兵役を勤め上げて退役するとローマ市民権が与えられ、その者の子はローマ市民として正規軍団に入隊することができ、ローマ社会の階梯を上がっていくことができた。こうしてローマ帝国は辺境において、兵員を確保するだけでなく、ローマ国家に対する忠誠心を期待できる人材を養成してもいたのである。

**イタリアを凌ぐ属州の発展**

誕生した属州の都市は、税の徴収や新兵の徴募など国家統治の末端の責任を負わされたが、同時に法的特権も与え

図1–7　都市アクィンクムの遺跡（ブダペスト）．「ハンガリーのポンペイ」と呼ばれる

られた。都市の法上の特権的地位として、最初はムニキピウム（自治市）が、次いでコロニア（植民市）が与えられた。コロニアとは本来、ローマ市民が植民して築いた都市であるが、帝政前期のうちに市民の実際の入植によるコロニアの建設はなくなり、すでに発展している都市に、いわば都市の「格」としてコロニアの地位が与えられるようになる。この措置によって、都市市民はイタリアに住むローマ市民と法的に同等となった。

　こうした経過をたどって、イタリアを離れた内陸ヨーロッパに数多くのローマ風都市が築かれ発展していった。今日のヨーロッパの主要都市の多くは、ローマ人の要塞や要塞近くの定住地、あるいはローマ人商人の定住地などが起源となって、都市的集落を発展させたものである。最盛時の人口が六万人を数えたアクィンクム（現ハンガリーのブダペスト、図1－7）などの規模の比較的大きな都市から小さな都市的定住地に至るまで、ローマン・タウンは挙げればきりがないほどである。

都市を核にした属州の発展は、地域の人口の増加にも表れている。アウグストゥス帝治世の末期、イタリアの人口七〇〇万人に対して、ガリア・ゲルマニア地方の人口は五八〇万人、ドナウ地方の人口は二七〇万人であった。しかし、一五〇年ほど後、二世紀後半のマルクス・アウレリウス帝の治世初期では、イタリアの人口が七六〇万人であるのに対して、ガリア・ゲルマニア地方はイタリアを凌ぐ九〇〇万人を数え、ドナウ地方も四〇〇万人に増えているのである。その証のように、イタリアの物産が長らくガリアに送られていたのが、二世紀になると逆に、ガリアの物産、特に陶器や毛織物などがイタリアへと運ばれるようになった。

### 限りない帝国

アルプスの北の広大な属州では次々とローマ風の都市的定住地が生まれ成長し、また新しいローマ市民が誕生・活躍するようになっていったが、こうした帝国領は、ライン川やドナウ川といった大河や人工的に築かれた防壁(ハドリアヌスの長城やリメスなど)に沿って駐屯する軍隊に守られており、領内の安寧が保たれていた。こうした軍隊が駐屯する最前線をローマ帝国の「国境線」と見ることが一般的だが、軍隊駐屯線をローマ軍が外敵と対峙する軍事境界線と解し、その内側と外側とを峻別する考え方は、きわめて近現代的な発想に基づいた見方である。実際のローマ帝国とその外側の世界との関係は、近現代的な国境線とは異質のものである。この点は本書の全体にとって重要になるので、少し詳しく説明しておこう。

ローマ帝国の領土は、二世紀初めのトラヤヌス帝が最大版図を実現した後、次のハドリアヌス帝(在位一一七〜一三八年)が先帝の征服地を放棄し、以来防衛政策に転じたと一般にいわれている。だが、皇帝やその政府が「拡大政策」「防衛政策」といった長期にわたる戦略を本当に持っていたかは疑わしい。事実、ハドリアヌス帝の後も皇帝たちは領土拡大のための作戦をしばしば実施している。ローマ帝国の領土拡大は、現実にブリテン島ではイングランド北部で、ヨーロッパ大陸ではライン川、ドナウ川、およびリメスの線で、西アジアではおおむねメソポタミアかアルメニアのあたりで止まった。しかし、このことは、それ以上の地域は属州にして直接経営する土地とはしなかったということを意味するにすぎない。

そもそも共和政の時代以来、ローマ人の間には「限りない帝国」(ラテン語で「インペリウム・シネ・フィネ」)という考えが存在した。ローマ人の領土は人の住みうる世界のどこまでも広がるというイデオロギーである。初代皇帝アウグストゥスは帝国領をこれ以上広げないようにとの遺訓を残したと、二世紀初めの史家タキトゥスが記しているが、アウグストゥスが実際に拡大に制限を設けようとしたという史実は認められていないし、その子孫たちが「遺訓」を守った様子もない。ローマ人にとって、ライン川の東側、ドナウ川の北側の広大な土地も、帝国の支配する、そして支配してよい地域であった。いわゆるローマ帝国領とは、その中でも属州に組織したほうが都合のよい地域にすぎなかったのである。

「限りない帝国」は同時に「国境線なき帝国」を意味した。ローマ軍が駐留する最前線の峻厳に見える人工の防壁も自然国境を成すと見られる大河も、実際には至るところで外の世界に開かれており、平時には防壁を越え大河を渡って人と物が行き来していた。考古学的な調査によれば、人工の防壁や大河は、その外の世界と内とを遮断するために使われたのではない。例えば、ライン川の彼岸にもローマの砦や拠点が作られたことを見てもわかるように、人と物の行き来をローマ帝国の管理下に置くために存在ないし利用されており、その役割はむしろ行き来を促進するものといってよかった。決して「ローマ人」と国境外の「蛮族」とを分かつために存在しているわけではなかったのである。

### 「ゾーン」としての「国境」

このようにローマ帝国の拡大や「国境」の意味を理解するにあたっては、イギリスの学者ホイタッカーの研究に教えられるところが大きい。帝国の中枢から遠く離れたアルプス以北の地域は、英語の歴史研究書ではローマ帝国の「フロンティア」、ドイツ語のそれでは「グレンツェ」などと呼ばれている。要するに国の領土の縁、辺境地帯のことである。ホイタッカーは、フロンティアを「線」、特に「文明」と「野蛮」とを分かつ境界線と見る考え方は、ヨーロッパが近代の植民地戦争で、またアメリカ合衆国が西部開拓で経験してきたところから来た見方であって、ローマ帝国の場合は「線」ではなく、ローマ軍駐屯地域やその周辺に様々な人々が混ざって生活する「ゾーン」（地帯ないし区域）と見るべきとする。

ホイタッカーは、この「ゾーン」としてのフロンティアについて次のように説明している。ローマ帝国のフロンティアは軍が進軍を停止したところに形成されたが、それはいわゆる「軍事境界線」ではなく、広い範囲にわたる移行地帯で、曖昧な性格のものであった。産業が農耕から牧畜に変わる地域に実際は相当するが、統治や経済活動に支障をきたす限界の地帯に設けられたという意味が大きい。そのため、重要な課題は、軍事行動そのものよりも、駐屯する軍隊への物資の供給であった。ローマ国家は、商人を統制したり援助を与えたりしつつ、各地で物資を集めて軍隊への供給をおこなったが、この措置やそれにともなう商人の活動は軍隊駐屯地付近に大きな影響を与えた。物資が行き渡って民間にも大きな市場ができ、都市や村落を発展させたのである。そればかりでなく、物資は軍隊駐屯線の外側からも集められたため、外部世界にも影響が及んだ、というのである。

ローマ属州となっていない、いわゆる「自由ゲルマニア」など、軍隊駐屯線を越えた外部地域でも商人が活動していたことは、タキトゥスなどの史料から知られており、帝国領の外側の、軍隊駐屯線からかなり離れたところでもローマの物品や貨幣がたくさん発見されている。こうしたことを踏まえて、ホイタッカーはライン川の東西をモデルに図示しつつ説明しているが、それを簡略化して示せば、図1-8のようになる。

ホイタッカーによれば、軍隊駐屯線の外側二〇〇キロメートルくらいまでの地域、図のBの地域では、帝国属州内と同じように市場経済が及んでおり、貨幣もある程度流通している。この地域からは、ローマ風の日常生活の物品や貨幣が出土している。しかし、Cになると、銀製品やガラス製品など、明らかにローマ側から贈られた奢侈《しゃし》品は発見されるが、ローマ風の日常生活の物品はほとんど見られない。また、B地域の日常生活に関わるローマ製品は有力者の住居跡などから発見されており、B地域では有力者がローマ的な生活への志向を強く持っていた一方、一般の住民には及んでいなかったことも知られる。これは、帝国側の軍隊駐屯線の周辺地域Aでも同様であった。つまり、ローマ軍の軍隊駐屯線の両側に、ローマ帝国からその外部世界へと移行する「ゾーン」が形成されていたわけである。これがフロンティアである。

ホイタッカーの説明は、辺境を軍事境界線とみなす解釈を否定し、軍隊への物資の補給など、社会的・経済的な観点からなされている。私は、ローマの軍事活動が経済的な要因のみで説明できるとは考えないが、ローマ帝国の辺境を高度な文化が存在しない場所、文明と野蛮の境界線と見てきた従来説に対して、活力ある地域と捉え直した彼の学説の意義は大きいと見ている。

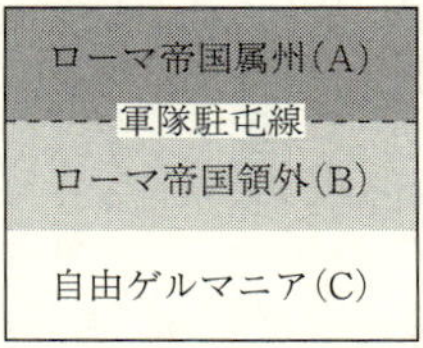

図1-8　ホイタッカーによる「ゾーン」としてのフロンティア

では、こうしたフロンティアを抱える属州では、人々はどのように暮らしていたのだろうか。

## ローマ市民権を得た人々

カエサル以降に新たにローマ帝国領となった地域では、ローマ市民権を持つ人々（退役兵士ら）の植民活動や移住ばかりでなく、ローマの征服活動に協力的であった先住部族の長らにローマ市民権が与えられるなどして、被征服地をローマ市民の居住地としてゆく措置がとられた。先述した補助軍への徴募などを通じて、被征服地の民をローマ帝国の正式な構成員とする回路も整備されていった。その結果、ローマ市民権保持者は増大して、アルプスの北側の広大な地域にも、都市的な居住地を中心に著しく市民の数が増えた。

このことは、属州の諸都市、軍隊駐屯線の要塞や民間人定住地の遺跡から大量に出土しているラテン語の墓石の銘から判明する（図1－9）。そこには、被葬者や墓石を奉献した人物として、ローマ市民の証である三つの名前（ガイウス・ユリウス・カエサルのように個人名・氏族名・家族名から成る）を持つ男性やその妻子の名が刻まれているからである。これらの人々は、ローマ市民としてローマ市のどこかの地区に登録されているが、その人物の代にイタリアなど地中海周辺地域から移住してきたケースは稀で、ほとんどが属州の出身と考えられる。つまり、時代が下るに従い、ローマ市はもとよりイタリアにも一度も行ったことがない「ローマ人」が急増したのである。そして、二一二年のアントニヌス勅令によって、帝国内のほぼすべての自由人にローマ市民権が与えられ、市民権の拡大政策は終着点に至り、ローマ市やイタリアとはもはや直接的な結びつきを持たない、普遍的な意味の「ローマ人」の帝国が成立した。

ローマは、このように市民権とその授与の点で、居住者の出自などに区別を設けなかった。そもそも歴史の初期から、ローマ国家は拡大とともに周囲の集団を受け容れて、自らの市民団の新しい力としてきたのである。見方を変えれば、最盛期の帝国の担い手たる「ローマ人」とは実に曖昧な存在だ、ということができる。ローマはたいへん寛大であった。ローマ国家の約束ごとに従い、その伝統と習慣を尊敬する者なら誰であろうと「ローマ人」になれたのだ。

**「新しいローマ人」**

新しくローマ市民社会の一員となった者たちの中には、その後、ローマ帝国の社会的なヒエラルヒーの階段を上って、支配階層にまで達する者も出てきた。

図 1–9　ラテン語の墓石碑文(マインツ市の州立博物館). 碑文の内容は以下の通り.
「ルキウスの息子にしてセルギア地区登録, ヤデラ[現クロアチアのザダル]出身のルキウス・アップレイウス・ヤデスティヌスは, 第 1 救援軍団の兵士であった. 享年 25. 6 年勤務し, ここに眠る. 相続人がこの墓碑を建てた.」

最盛期である帝政時代前期のローマ社会では、その構成員は特権的な「身分」(オルド)に属する者とそうでない者に大別できる。ローマ社会の個々の社会層を構成する集団の性格は時代ごとに異なるところはあったが、社会の最上層には常に「元老院議員身分」があった。帝政の前期には、皇帝もこの身分から選ばれるのが常であった。元老院議員身分は、元老院の構成メンバーとなり、皇帝の帝国統治の実質的な担い手となった人々、そしてその家族を含んでいた。当時の議員定数は六〇〇名で、由緒正しい自由人、かつ一〇〇万セステルティウス以上の資産を持つ必要があった。「騎士身分」がその次位にあり、第三の身分として、帝国領内各都市の「都市参事会員身分」があって、それぞれの都市や都市領における支配層を形成していた。

五〇〇〇万人から八〇〇〇万人と推定される帝国全人口に対して、これら身分保持者の数は著しく少ない。元老院議員身分は上述した通りであり、騎士身分も粗い計算では二、三万人程度、都市参事会員身分が一〇万人程度と考えられる。住民の大半は身分を持たない一般の自由人で、それ以外に奴隷の境遇から解放された解放奴隷がおり、社会の最底辺には奴隷たちがいた。

しかし、ローマ社会は人々やその集団を出自によって固定させてしまうカースト的な社会ではなく、流動性があった。そのため、奴隷に生まれても、主人の遺言などの方途で奴隷の境遇から解放され、解放奴隷となり、さらにその者の子孫は都市の有力者となって都市参事会員として活躍し、さらに実力と幸運に恵まれて騎士身分に上昇、元老院議員まで上り詰めるなどという可能性もあったし、実際そうした家族の上昇例は多かった。属州に生まれたローマ市民でない者も、外部世界から属州に入って市民権を得た者も、実力と幸運に恵まれれば、社会の最上層まで到達できたのである。

帝政期に入って、元老院議員身分家系には跡継ぎを残せず断絶する家が相次いだため、皇帝は帝国統治の要員を確保する上で、また貴族しか担当できない国家宗教の担い手を確保するためにも、元老院議員を減らすことはできず、欠員が出れば次位の騎士身分から補充しなければならなかった。同様に、騎士身分はその下位の身分から補充された。ローマ市民は伝統と血のカリスマを重視したので、出自はその人物の評価に重大な役割を果したが、実際にはローマ市やイタリア都市の古くからの議員家系が減少して、イタリアの地方都市や属州都市の新興家系出身者が次第に元老院の構成員の中の多数を占めるようになっていく。一世紀の後半には、帝国統治の重要な担い手に、イタリア地方都市や属州都市の出身議員が数多く見られるようになる。ローマ史研究の大家サイムは、台頭してきたこうしたエリートを「新しいローマ人」と呼んだ。

元老院のみならず、ローマ皇帝にさえも「新しいローマ人」が見られるようになる。一世紀後半のウェスパシアヌス帝は即位前、元老院議員であったが、ローマ市の元老院議員家系の出ではなく、イタリアの地方都市レアテの騎士身分徴税請負人の子であり、二世紀の五賢帝は、最初のネルウァ帝だけがイタリアの古い家系の出で、他のトラヤヌス帝、ハドリアヌス帝、マルクス・アウレリウス帝はスペイン、アントニヌス・ピウス帝は南フランスの都市の家系の出である。二世紀末に即位したセプティミウス・セウェルス帝は、北アフリカの都市、レプキス・マグナの出身だった。

一～二世紀のローマ皇帝にはアルプスの向こう側の新しい世界の家系出身者はいないが、彼らの下で活躍した元老院議員には、地中海から離れた属州の出身者が次第に目立つようになる。そして、重要な特徴として、元老院議員が文武両方に優れていること、つまり文官としても武官としても優れていることが理想とされていたにもかかわらず、伝統ある家柄の元老院議員が辺境での軍務を次第に忌避するようになり、ローマ軍の軍団司令官やイタリアを離れた属州の総督ポストを新しく参入してきたエリートたちに委ねるようになったことが指摘できる。こうしたローマ社会の社会的流動性、上昇可能性は後期ローマ帝国時代にはより高まり、帝国の軍事を支える人材には新興勢力が登用されて、やがて帝国の命運を左右することになる。

### ローマ人としての自己認識

以上に述べてきたところからわかるのは、ローマ帝国は国家として硬直した存在ではなかったということだ。担い手である「ローマ人」は法の民であり、法に基づく国家の制度を持ち、奴隷制と身分制を備えた社会に生きていた。ローマ人とは、まずは市民権を基盤とする法的なカテゴリに属するものだった。しかし、制度の運用を含めて帝国の実際を観察すると、ローマ人とは先に見たようにきわめて柔軟な存在であって、排他的な性格を有していないのは明白である。従って、外部世界から属州に入ってローマ人になることは、相対的に難しくない。しかも、その外部世界から属州に入るところのフロンティアが、厳格な国境「線」ではなく、これまた曖昧な「ゾーン」になっていた。ローマ国家が統御しているが、外部世界の者を排除するのではなく、穏やかに管理しコミュニケーションを確保しているにすぎない。帝国の「境」は、地理的にも社会構成的にも明確でなかったのである。

では、ローマ帝国という国家には確たる実体がなかったのか。そうではない。ローマ帝国が「幻想の共同体」でなかった第一の要素は、軍隊の存在である。ローマ人は征服地に自治を認めながらも、軍事力は取り上げて自分たちが独占すると同時に、治安維持を自らの義務とした。ローマ帝国を国家として実質化させていたのは、この軍隊である。しかし、それはただ、軍隊が辺境地域で帝国領を守っていたという意味ではない。自分たちが「ローマ人である」との自己認識を持つ兵士たちがそこに存在し、彼らによって守られた軍隊駐屯線が、曖昧な帝国を実質化していたのである。正確にいえば、ローマ帝国を実質化していたのは、軍隊そのものではなく、「ローマ人である」という兵士たちの自己認識である。後で詳しく述べるように、フロ

図1‒10　ローマ騎兵の墓碑(ケルン市　ローマ＝ゲルマン博物館)

ンティアに駐屯する兵士にとって、相手が「敵か、味方か」の決定的な分かれ目は、相手がどの部族・民族に属するかということではなく、「ローマ人である」自己認識を持つか否かであった。だからこそ、その自己認識を持たない、例えばゲルマニアの人々は、「敵」であり、「蛮族」とみなされたのである。今日、ライン・ドナウ沿岸地域の博物館で私たちがしばしば目にするローマ時代の騎兵の墓碑には、生前のその姿が刻まれた浮彫が添えられているが、大方は、騎兵が馬の足で「敵」を踏みつけている構図だ(図1‒10)。この墓碑に見えるむき出しの暴力をともなった「ローマ人」としての自己認識が、ローマ帝国を実質化していたのである。

**有力者との共犯関係**

次に重要な帝国実質化の要素は、「ローマ人」としての生き方である。これは実際には、ラテン語を話し、ローマ人の衣装を身につけ(図1‒11)、ローマの神々を崇拝し、イタリア風の生活様式を実践することといってよい。属州の民や外部世界から属州に入って生きていこうとする者は、まずこれらのことを実践しなければならなかった。しかし、それはきわめて難しい要件というわけではなかった。おそらく最も困難な課題である心の問題、つまり信仰でも、ローマ人は一部の例外を除き、各地のほとんどの神々をローマの神々と同一視して取り込んでしまっている。

もし人々がエリートたろうと思えば、ローマ人の教養学科を学ぶ必要もあった。こうしたローマ人としての要件を満たすには、まずは都市に暮らすことが条件となる。ただ、都市は、こうした生活様式の実践の場であるだけでなく、他にも帝国にとって重要な役割を果たしていた。

図 1-11　ローマ人の服装．ローマ市民の正装はトガと呼ばれ，大きな布を身体に巻き付けて着用するものであったが，普段はトゥニカというワンピース状の衣装(写真右端)を着用することが多かった．いわゆるズボンは，戦時においてもはかなかった．男性は髪を短く刈り整えるのが普通で，女性の髪型には流行があったが，長い髪を結い上げるのが一般的だった

ローマは帝国としては、広大な領土を統治するのにごくわずかな行政担当者しか持たなかった。三〇〇人程度というのが、中央行政を担当した「官僚」の人数と考えられる。近現代の主要な国家の官僚数に比べれば、驚くほど少ない。ローマでは、元老院議員と騎士身分から選ばれた官僚が各地に統治に赴くのだが、現代の視点からすれ

ば、中央集権を実践するためには足りるはずがない。しかし、それが最盛期ローマでさしたる問題もなく可能だったのは、帝国が官僚に代わる統治手段として、都市を使ったからである。帝国中にある都市(先のキウィタスなどもこれに相当)の有力市民に統治業務のいわば丸投げをしていた。都市には都市参事会があって、数十名から多くて数百名程度の終身の参事会員がおり、ローマは彼ら有力市民に都市自治を担わせるだけでなく、徴税など国家の業務も委ねた。しかし、都市の有力者のほうも、ローマの力と権威を借りて、彼らの地元における支配力を強化した。すなわち、ローマ帝国と都市の有力者は、支配者として完全な「共犯」関係にあったわけである。

さらにローマは、フロンティアのゾーンやその彼方の地域においても、有力者と結びつき、彼らを取り込んで自らの力とした。外部世界の族長や王との間にも信義関係を結んで利用した。ローマ帝国を実質化する要素の第三は、まさにこの有力者たちとの共犯関係であった。

現代人の目からすれば、国境線もはっきりせず、また主たる構成員の定義も曖昧な巨大国家が「幻想の共同体」にならなかった要因は、このように、「ローマ人である」自己認識を備えた軍隊、「ローマ人である」ために相応しい生き方の実践、そして都市をはじめとする在地の有力者たちとの共犯関係にあった、と私は考える。

## 「ローマ化」の実態

これらのうち、ローマ人たるに相応しい生き方、生活様式やものの見方などは、周囲の人々にとって魅力と感じられなければローマ支持の力とならない。ローマ人の価値観、生き方を共有できなければ、人はローマを支持しない。ローマはどの程度、周囲の民にとって魅力的な存在だったのだろうか。

欧米の歴史家は長らく、征服地の先住民がローマ人のもたらす「文明」を後生大事に有り難がって、ローマ人になりたいと皆が思っていたと検証なしに想定してきたが、私は、属州ブリタンニア(ローマ時代のブリテン島)の研究を通じて、ローマの生活様式、文化の浸透は緩やかで、都市市民など限られた人々に行き渡ったにすぎないと感じている。

新たに属州とされた地域では、有力者たちは帝国統治に協力したり参画したりするようになっていったが、一般住民のほうも同じく熱心に「ローマ人」たらんとしたと想定することは難しい。ローマ帝国が被征服地に都市を建てローマ風の生活様式を導入し、法やラテン語、ローマ風宗教などを伝えて、高度の文明生活へと導こうとした政策を、歴史家は「ローマ化」(英語でRomanization)という概念で呼び、ローマ帝国の世界史的意義として強調してきたが、考古学的な研究の進展で、ローマ化の政策が従来想定されていたほどの効果を上げておらず、その影響は都市や要塞周辺、ウィッラに限定されていたことがいまや明らかになっている。そればかりか、「文明化」と同じ意味を持たされた「ローマ化」の概念自体が、ローマ以前の先住者たちの歴史と文化を無視した偏った概念であり、ヨーロッパが帝国主義的な植民地支配を展開していた時代に、その現実と結びつけて案出された概念であると厳しく批判されてもいる。

属州の一般住民がローマ帝国にどの程度の帰属意識を持っていたかは、史料から断片的にしかわからない難しい問題である。ローマは征服地において、自分たちの生活様式を先住者に強制することがあり、それに対して先住者が、政治・軍事的な反乱だけでなく表に現れない「抵抗」を試みたことも、生活や文化の遺物から知られている。また、属州で花開いたローマ文化が、イタリア風のローマ文化と先住者の文化という純粋なカテゴリの単なる合体ではなく、支配権力ローマに対する「抵抗」も織り込んだハイブリッド(混淆)な性格であったことも、学界で指摘されている。いずれにしても、全住民に対するローマの求心力を過度に想定することは控えたほうがよいと思われる。

しかし、重要なことは、皇帝政府が帝国支配のパートナー、支配の共犯としていた各地の有力者たちが、それぞれの場で住民たちを支配しており、かつ彼ら有力者が帝国への帰属意識、「ローマ人」としての自己認識を持ってローマ風の生活様式を取り入れることに意義を見出している間は、帝国ローマは世界を統合する力を持ち得た、ということである。また、一般住民も「ローマ人である」ことに社会的上昇の手段としての価値を見いだせば、ローマ帝国は求心力を持ち得た。そして、「威信」を持つ「尊敬される」国であり得たのだった。

要するに、ローマ帝国とは、広大な地域に住む、それぞれ固有の背景を持つ人々を、「ローマ人である」という単一のアイデンティティの下にまとめ上げた国家であった。このアイデンティティやそれによる支配は、各地の有力者の支持に基づいていたが、同時に彼ら有力者や新たに帝国に参入した者にとっても、新しいアイデンティティは支配と上昇の力となったのである。

**歴史認識の力**

ここで再確認しておくべきことは、帝国の「外部」と接する属州にあっては、「ローマ人である」というアイデンティティは、出身部族や居住地、あるいは宗教などを理由として誰かを「排除」するものではなく、むしろ多様な人々を「統合」するイデオロギーとなったことである。そしてこのことは、「ローマ人である」というアイデンティティにとって、むしろ本質的なことであった。

フランス第二の都市リヨンで一六世紀に発見され、現在その地のガロ＝ロマン博物館に展示されているラテン語の書かれた銅板には、実に美しい文字で皇帝クラウディウスの演説が刻まれている。これは、四八年にガリアのこの地方の有力者が元老院議員となることを皇帝が認めた演説の写しである。その中でクラウディウス帝は、ローマ国家が王政時代からいかに多くの人材・様式・体制を外部から移入してきたかを丁寧に述べ、「属州の人であっても、もし元老院を飾ることさえできるのなら、私は彼らを決して拒否することはないと考えている」と語る。

さらに、確かにガリアの人々はユリウス・カエサルと一〇年間戦ったけれども、その後一〇〇年の間、ローマに信義を示し服従してきたではないかと、反対意見を論駁しようとしている。ガリアの人々にとり重要なこの判断を後世に伝えるために、碑文は建てられたのであった。

私たちは、この碑文を通じて、皇帝やその演説を聞き、読む人に、ローマが広く外部から人材などを取り入れてきたその歴史が認識されていたことを知る。国家創設以来の発展の歴史が深く理解され、記憶されているのである。この歴史認識と記憶の力こそ、「ローマ人である」というアイデンティティに多様な人々を、排除ではなく、統合する機能を与えていたのである。

付言すれば、こうした皇帝の演説のみならず、ローマ帝国の最盛期には、碑銘を刻んだおびただしい数の記念物、顕彰碑文、そして墓石が建てられた。先に属州の都市で出土した墓石の例にふれたが(三二頁)、属州にかぎらず帝国全土にわたって、人々はさかんに碑銘を刻んだ。この現象は、今日学界で「碑文慣習」と呼ばれている。不可視の広大な帝国に生きる人々は、家族や恩人、そして自分自身の出自や経歴などを刻み、自己を確認し、生きた証を残そうと懸命だった。自らの、また国家の歴史を繰り返し認識し、記憶しようとする思いは、最盛期のローマ市民に共通のものだったのである。

### 帝国の「外」の住民たち

さて、ローマ帝国衰亡史を語るに際しては、こうした帝国領内部の住民よりももっと厄介な論点となるのが、属州の外の住民である(図1-12)。一般的な説

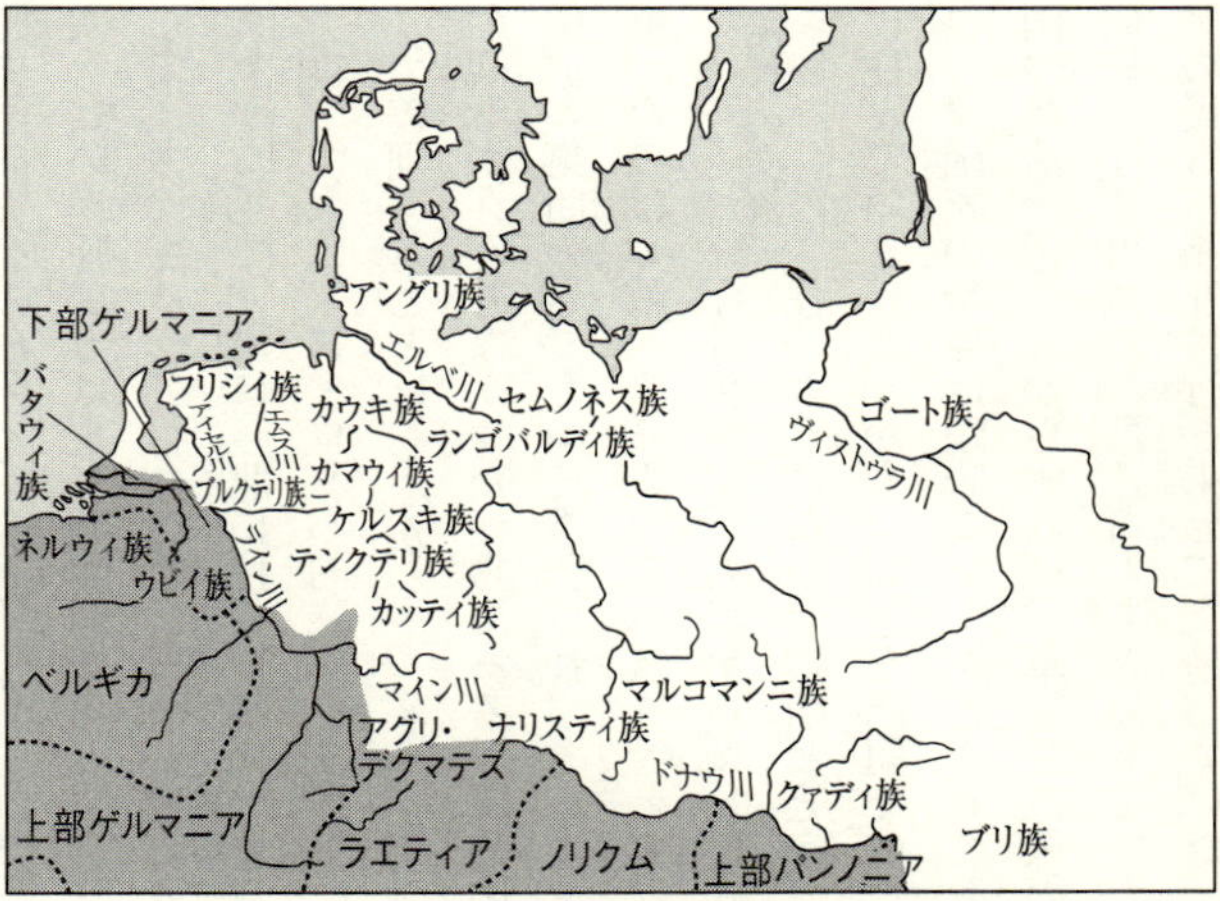


図 1-12　ゲルマニアの諸部族居住地(2 世紀初め頃)

明では、ヨーロッパ中央部に広く居住していた「ケルト人」はローマによって征服され、やがて同化したが、「ゲルマン人」は、一部は帝国内に取り込まれたものの、ローマ支配に従わない多くの人々が国境の外側へと排除され、未開のまま外部世界に居住した、という。そして、このゲルマン人がローマ帝国に大挙移動して、帝国西半を滅ぼしたと考えられている。ローマ人対ゲルマン人という二項対立の図式は、ローマ帝国衰亡過程の説明の基軸になっており、この対立図式は、そのまま「文明」対「野蛮」の図式的理解にも一致している。

しかし、「ローマ人」が特定の民族を示すものでないのと同様に、「ゲルマン人」「ゲルマン民族」といった集団の括り方も、今日の歴史学研究の水準からすれば大きな問題を孕んでいる。そもそも「ケルト人」や「ゲルマン人」という呼び方はすべて他称であり、自分たちをそう呼んだ人々は古代にはいなかった。そして、古代ギリシア語やラテン語の文献に見られるこれらの呼称は、地中海周辺地域に暮らす人々から見て、単に「北に住む野蛮人」を意味するにすぎないことが多かった。

ローマ人は、ヨーロッパ内陸部を支配下に入れるにあたり、そこに住む人々を「民族」によって差別することはしなかった。それは当然である。ローマ人の間には、「民族」という区分の観念が存在しなかったからである。属州内とその外の世界に暮らす先住の人々は、それぞれ個別の集団の名でもって識別され、それらをまとめて定義する上位の概念は存在しなかった。あったのは、敵対する人々を「蛮族」とみなす意識のみである。

### 内外の交流

今日ゲルマン人、ゲルマン民族と称されている古代の人々には、ローマ帝国領に住むようになった集団とそうでない集団とがあったが、ローマ人からすれば領内に住んでいるかどうかも、大きな問題ではなかった。先のフロンティアの説明で述べたように、ローマ国家の境界は曖昧なゾーンになっており、内と外の行き来は充分可能だった。ローマ帝国の統治を担う者からすれば、軍隊駐屯線の外側に居住する人々も、将来ローマ人の国家の構成員となる可能性のある者たちと見えていたことだろう。実際、ローマの商人も自由ゲルマニアの民も、相互に行き来して交易していた。ブドウ酒やガラス製品、食器などがローマ属州から運ばれ、後になるとゲルマニアに不足しがちな穀物が重要な輸出品となった。一方、毛皮や琥珀、ローマ人女性の好んだといわれるブロンドの毛髪や奴隷がローマ属州へともたらされた。ウィーンの東方のカルヌントゥムあたりから北へ向けてバルト海に至る「琥珀の道」や、ドイツのマインツ市あたりから東へマイン川に沿って走る経路、ドイツ北西部のライン川の支流リッペ川を遡ってヴェーザー川に至る経路などが交易路として使われていた（図１－１参照）。

ただ、外部から攻撃を受ける戦時にあっては、先述したように、ローマ帝国の指導者やフロンティアの兵士たちは敵対する人々を、「他者」として位置づけた。単に他者とするだけでなく、「野蛮な」人々とみなした。それは、自らのローマ帝国への帰属、「ローマ人である」ことを確認し、高度な文明を持つ国の民というアイデンティティを確立するためでもあった。

## 「ゲルマン人」とは誰か

それでは、「ゲルマン人」という概念はどのように生まれてきたのだろうか。

古代に用いられたギリシア語やラテン語の「ゲルマニアの人」という呼称は、特定の民族集団を意味するものではなかった。しかし、ルネサンス時代にタキトゥスの諸作品、特に『ゲルマニア』が発見されてのち、ローマ帝国の外部に居住した集団についてヨーロッパで盛んに研究されるようになると、次第に事情が変わってきた。特に一九世紀に入り、ドイツ統一など国民国家形成の時期になって、その研究はナショナリズムの影響を正面から受けることになる。ローマ帝国領内に移動し、部族国家を形成した人々、いわゆる

「ゲルマン人」は、スカンディナヴィアなど北の故郷を離れて長い移動の末、ローマ帝国領に入り、帝国を滅ぼして自分たちの王国を建設したと考えられ、彼らは移動後も最初の種族的なつながりを保持したと想定された。そして、そのことを立証するために、文献学や言語学だけでなく考古学研究の成果も大いに用いられた。やがて、「ゲルマン人」「ゲルマン民族」は研究から切り離されて政治イデオロギーへと移ってしまい、ドイツ民族の起源として重んじられ、特にゲルマン至上主義を奉じるナチ党の道具となっていった。

第二次世界大戦後は、こうした過去の反省と研究史の難点を克服すべく、新しい観点から研究が進められた。今日の学界では、「ゲルマン人」と呼ばれる集団は、固定的で完成された集団とは考えられていない。非常に流動性の高い集団で、その時々の政治的な利害によって離合集散を繰り返して、その構成員や集団のアイデンティティが形作られていったと理解されている。ゲルマンという語にしばしば添えられる「民族」という概念は、出自や言語・宗教などの文化を共有することによって生じる親近感が核となって、同じ帰属意識を持つ集団として歴史上形成されたものを指すが、一九世紀以降の国民国家成立の時期には一定の境界を持つ固定的な集団と考えられがちであった。しかし、今日では古代の民族集団は固定的なものとは考えられていない。集団のアイデンティティも可変的であると理解されている。

これまで述べてきたところからすると、歴史の説明として少なくともローマ人対ゲルマン人という二項対立図式が適切でないことは明らかである。加えて、言語学上の系統分類は別として、人物や人的集団に対して「ゲルマン」という名称を与えることも控えたほうがよいと考えられる。そこで、本書では、帝国の外に居住し、やがて帝国領内へと移動する人々の集団を、それぞれ個別の部族の名称で呼び、私自身の説明では大きなまとまりとして「ゲルマン人」「ゲルマン民族」という呼び名を使用しないこととする。これにより、先に述べたこの名称の持つ難点を避けると同時に、支配者たるローマ帝国の側に立って歴史を語ってきた近現代西洋の歴史家の難点をも克服することができるかもしれない。ただし、どうしても「ゲルマン人」を使用せねばならない場合がある。それは、アルプスの北の人々を「他者」とみなして敵視するようになった時代のローマ人の発言と行動を、引用する形で紹介する時である。

以上、私なりの視点からローマ帝国の最盛期の有様を説明してきた。これまで力を入れて述べてきた論点は、以下に「衰亡」を語る際の重要な道具立てとなるはずである。特に、ローマ帝国の基本的性格(「ローマ人である」というアイデンティティによる国家統合)、そして私がローマ帝国を実質化する要素として指摘した点を、ぜひ記憶にとどめていただければと思う。

では、章を改めて、本格的にローマ帝国の衰亡を語ろう。その始まりは紀元四世紀初頭、かのコンスタンティヌス大帝の時代である。

# 第二章　衰退の「影」
## ―コンスタンティヌス大帝の改革―

日本では弥生時代が終わり古墳時代が始まりつつあった紀元三二四年、現在のトルコ共和国の西端に近い町エディルネ付近で、大きな戦いがあった。エディルネはローマ帝国最盛期の皇帝ハドリアヌスが造った都市、ハドリアノポリスが起源で、後にアドリアノープルと呼ばれるようになった町である。この年の七月三日、ローマ皇帝を名乗る二人の人物の軍勢が、ここで激闘を繰り広げた。一人はリキニウス。当時ローマ帝国の東半分の地域を統治していた。もう一人はコンスタンティヌス一世で、彼はブリテン島からバルカン半島までを支配下に入れていた。リキニウスは歩兵一五万、騎兵一万五〇〇〇を擁し、コンスタンティヌスも一二万の歩兵と一万の騎兵を動員していた。それは、これまでのいかなる戦闘よりも大きな軍勢同士の戦いだった。

長時間にわたったこの戦闘は、自分自身も傷を負いながら奮戦したコンスタンティヌスが勝利を収めた。三万人以上の兵を失って退却したリキニウスは、再び軍勢を集めて、現在のイスタンブールにあたるビュザンティオンから東へ、ボスポラス海峡を渡ってすぐのところにあるクリュソポリスに移った。コンスタンティヌスは、放棄されたビュザンティオンを確保するとクリュソポリスへと向かい、九月一八日に再び戦闘となったが、コンスタンティヌスが再度勝利を得て、長く続いてきた両者の争いについに決着がついた。リキニウスは投降して後に処刑され、コンスタンティヌスはローマ帝国全土を統治する唯一の皇帝となったのである。

私は、これからローマ帝国の衰退を、このコンスタンティヌス一世(大帝)の時代から語ろうと思う。一般的な歴史解釈では、ローマ帝国は一~二世紀に最盛期を迎え、三世紀になると全面的な危機状態、いわゆる「三世紀の危機」に陥り、軍隊が指揮官を次々皇帝に擁立する「軍人皇帝時代」となったが、三世紀末のディオクレティアヌス帝とそれに続いたコンスタンティヌス一世が危機を克服し、帝国を再建した、とされている。私がコンスタンティヌスから衰退の話を始めるのは、ローマ史の本の愛読者には奇異に思われるかもしれない。だが、私は、ディオクレティアヌスの統治とコンスタンティヌスのそれとは異なる歴史的意義を持つと見ており、コンスタンティヌスの統治に帝国衰退の「影」を見いだすのである。

### 三世紀の危機

まずは「三世紀の危機」の実情から見てゆくことにしよう。

マルクス・アウレリウス・アントニヌス帝の死によって五賢帝時代が終わり、その子コンモドゥスの治世(一八〇~一九二年)以降は、皇帝権力をめぐる争いや政治的な混乱が増えるが、帝国の外部世界に対する威望や軍事的関係にすぐに変化が生じたというわけではない。明らかに混乱が目立つようになったのは、二三〇年代以降のことである。帝国辺境に駐屯している軍隊が、その司令官を皇帝に推戴して相争うようになった。皇帝となった人物は多くが一兵卒からたたき上げの軍人で、ごく短い期間統治しては軍隊に殺害されたり戦死したりして、短期間にめまぐるしく皇帝が替わることになった。三世紀が軍人皇帝の時代と呼ばれるゆえんである。

こうした状態は単一の皇帝政府による連続的な帝国運営を不可能にした。このことは多方面に深刻な影響を及ぼして、経済活動は沈滞し、通貨は乱発され貨幣は品位を落として、インフレを巻き起こした。また、帝国の外に住んでいる諸部族が、ライン川やドナウ川を越えて帝国領内にしばしば侵攻するようになった。現在のドイツ中部から南部にかけて構築されていた防壁リメスの南西側、三角形をなす地域「アグリ・デクマテス」には、アラマンニ族が入って定着した。帝国の東では、二二四年にパルティアを滅ぼしたササン朝ペルシアが勢いを増して、帝国領の脅威となっていた。こうした状況が、一般に「三世紀の危機」と呼ばれる現象である。

しかし、近年、帝国が三世紀に本当に全面的に危機状態に陥ったのか疑問視する意見が学界で出されている。例えば、危機に陥ったのはライン、ドナウ方面とササン朝の脅威のある東部属州だけであり、北アフリカなどは静穏で、繁栄を享受していたとされる。私自身が調べたところでも、ブリテン島の属州は、三世紀は比較的平静で、むしろ帝国最盛期たる二世紀のほうが、ロンディニウム（現ロンドン）などでは都市機能の衰退が見られる。

とはいえ、そうした地域ごとの違いはあるにしても、皇帝位をめぐる争いが帝国全体に影響しないはずはない。加えて、三世紀後半になるとガリアを中心とする帝国西半のかなりの地域が独自の皇帝を戴く国家として帝国から分離し（ガリア帝国と呼ばれる）、東方でも隊商都市パルミュラが帝国領の東部地域を広く支配下に入れて、これも分離帝国といってよい状態にあった。ローマ帝国の国家としての統一性が失われていたことは間違いない。

ただ、こうしたローマ帝国の混乱状態は、比較的短い期間のうちに解消された。従来軍人皇帝というとマイナスのイメージしかなかったが、実際には三世紀後半に現れた幾人かの有能な軍人皇帝たちが、帝国の統一を回復しようと懸命な努力をしたので、帝国の分裂状態と対外的な劣勢は、わずか三〇年程度の期間で終わったのである。この仕事の最後の仕上げをしたのが、ディオクレティアヌスであった。

### 「三世紀の皇帝」

危機から帝国を再建したとされるディオクレティアヌス（在位二八四～三〇五年）について、私はむしろ、三世紀の軍人皇帝の最後の人物であり、ローマ帝国の統治の仕組みに大きな変化があった三世紀という時代の総仕上げをした人物、と意義づけている。つまり、彼は新しい時代の帝国を開いた人物というよりも、「三世紀」的皇帝ということである。

それまでの軍人皇帝と同様に、ディオクレティアヌスもローマ社会では下層にあたる農民の出で、軍隊勤務を通じて頭角を現し、プロテクトルという重要な兵士の部隊を指揮し、皇帝に推戴された。改めて確認しておくと、三世紀初めまでこのような下層出身の皇帝はいなかった。皇帝は常に帝国最上層の元老院議員身分から選出され、三世紀初めのマクリヌス帝(在位二一七〜二一八年)がはじめて帝国第二の騎士身分から皇帝となったが、彼は即位前、騎士身分の最高職で、一般の元老院議員よりも力のある近衛長官を務めていた。下層の出で騎士身分の軍事職から皇帝となった最初の人物は、二三五年に登位したマクシミヌス・トラクスである。彼はドナウ下流地域のトラキアか下部モエシアあたりの出身で、軍隊勤務だけで過ごしてきた人であり、ローマ市の元老院議員たちは誰も知らないこの軍人の即位に大いに衝撃を受けた。そのため、二三八年に北アフリカで生じたマクシミヌス帝に対する反乱をきっかけに、ローマ元老院も反抗を開始し、北アフリカの反乱が鎮圧されてのちも抵抗を続けて、ついにこの皇帝を打倒するに至る。しかし、元老院の抵抗もそこまでであった。その後、下層出身の軍人が次々と軍隊によって推戴されて皇帝となり、二八四年にディオクレティアヌスが皇帝となった時には、もはやこうした出自や経歴は珍しいことではなくなっていた。

さらにいえば、三世紀という時代は、皇帝個人の出自の変化よりも、帝国統治を担当する人々の変化により注目すべきである。ローマ社会はその歴史の初期から、元老院議員が政治を指導し、社会も元老院議員身分が支配する体制が継続してきた。アウグストゥスが作り上げた皇帝政治すらも、政界の再編はしたけれども、この伝統的な支配のシステムは改変しなかった。帝国の統治、特に大きな属州の統治や一軍団だけで四〇〇〇人以上の兵士を擁する軍隊の指揮は、将軍としての「権威」を必要としたため、帝政開始後も元老院での皇帝の同僚たる議員が担当した。元老院議員身分の出のローマ皇帝が、同じ元老院議員を用いて帝国統治をするのが、最盛期のローマ帝国の体制、元首政の基本的な仕組みだった。

### 統治階層の変化

しかし、二世紀後半から伝統ある家系の元老院議員ではない、新しい家系出身の議員たちが、軍団を擁する辺境属州の総督や軍団司令官など、帝国統治の要《かなめ》のポストに就くことが増えた。さらに三世紀の混乱期になると、元老院議員ではなく帝国第二の騎士身分が属州の総督や軍団司令官になるという、大きな変化が生じたのである。騎士身分には、元老院議員と変わらぬ高位の公職者から地方の名望家や軍隊の隊長まで、非常に幅広い範囲の市民が含まれていたが、文官であれ武官であれ、その公職は元老院議員に比して専門性が強く、経歴にも連続性があった。その騎士身分が、社会層の上位に位置する元老院議員を押しのけて、属州総督職や軍団司令官職を占めるようになったのである。つまり、皇帝だけでなく統治担当者もまた、元老院議員階層から遊離したことになる。これは、三世紀の前半から少しずつ進んだ変化であったが、ディオクレティアヌスはこれを徹底した。属州統治からも軍団指揮からも元老院議員を排除してしまったのである。

アウグストゥスによる皇帝政治樹立後、ローマ社会の「身分」が整備され、騎士身分は元老院議員身分の下位に置かれた。同時に、騎士身分は皇帝直属の部下として奉仕することが多くなり、皇帝の走狗《そうく》とみなされるような位置となった。ディオクレティアヌスがこの騎士身分に帝国統治の要職を委ね、元老院議員を排除したことは、皇帝直属の部下が支配権を握る体制ができたことを意味する。まさに皇帝独裁体制の成立といえる。帝国統治のシステムは、三世紀にこのような大きな変化を経験したのだった。

### 元老院議員が再び政治へ

ところが、ディオクレティアヌスまで進んできたこうした統治システムの変化を、コンスタンティヌスは旧に戻してしまった。彼は、騎士身分や都市参事会員の人々から多数を元老院議員とするとともに、三世紀のうちに新たに騎士身分が務める職となったものだけでなく、以前から伝統的に騎士身分の就任する職であったものまで、元老院議員に開放したのである。一方で、騎士身分は彼の治世から急速に意義を失って、四世紀のうちに事実上消滅する。こうして、帝国統治の職は、再び元老院議員の手に戻ったのである。大幅に数の増えた四世紀の元老院議員は、定数六〇〇名のエリートとして凝集性の強かった帝政前期の元老院議員とは性格を異にするが、ローマ帝国は騎士身分の興隆という三世紀に顕著な事態とは決別したのであった。

なぜコンスタンティヌスがこうした方針をとったかについては諸説がある。しかし、少なくともそれが、彼が経験してきた政治過程の帰結として選び取った方針であることは間違いないだろう。そこで、コンスタンティヌスの歩んできた道を次にたどってみよう。

図2–1　コンスタンティヌス大帝頭像（ローマ市カピトリーニ美術館）

### 父の副帝即位

コンスタンティヌスは、ドナウ沿岸属州の下層農民の出で軍人として出世しつつあったコンスタンティウス一世の長男として、二七〇年代の前半にナイッスス（現セルビアのニシュ）で生まれた（図2-1）。母ヘレナは小アジアの生まれで、夫と同じく下層の出であったが、キリスト教徒であり、このことは息子であるコンスタンティヌスに大きな影響を与えることになる。

父と同じように、コンスタンティヌスも早くから軍務に就いて、東方属州やドナウ沿岸地域で働いた。コンスタンティヌスの運命が変わるのは、二九三年である。この年、父がディオクレティアヌス帝によって帝国西北部を担当する「副帝」（カエサル）とされたからである。

二八四年に即位したディオクレティアヌスは、翌年やはりドナウ沿岸地方の農家出の軍人マクシミアヌスを副帝とし、帝国領の西半分の統治を委ねた。二八六年には、彼を自分と同じ「正帝」(アウグストゥス)とした。さらに、二九三年になると、自分の副帝として軍人ガレリウスを、マクシミアヌスの副帝としてコンスタンティウス一世を選び、四人で帝国を分担して統治する体制を構築した。これが世にいうテトラルキア(四帝分治制)である(図2−2)。

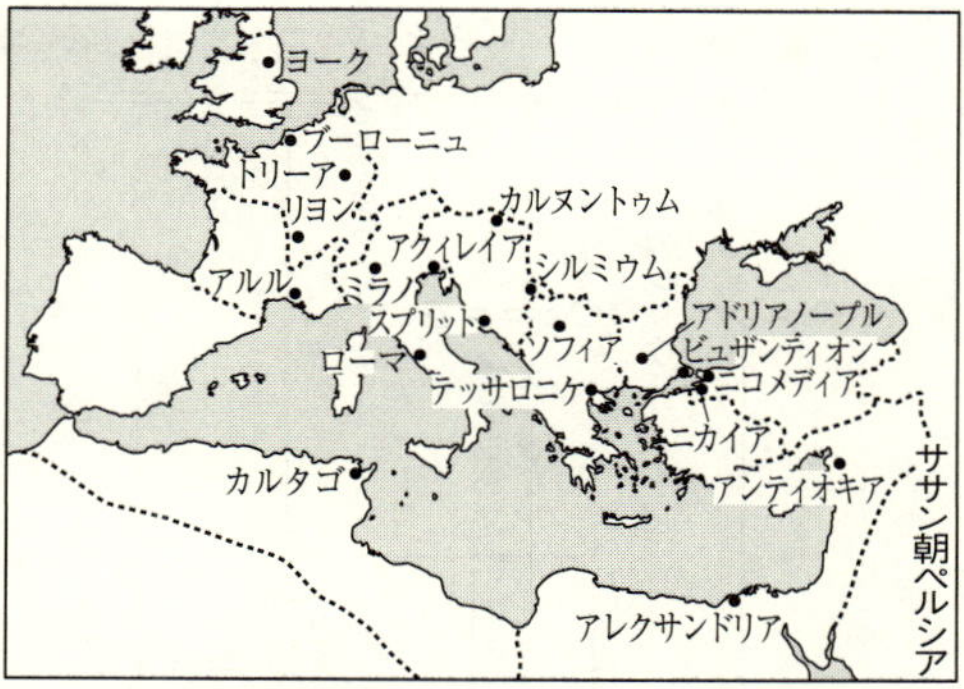

図2–2　テトラルキア時代のローマ帝国

この分割統治体制は、三世紀に頻繁に生じた帝国内での反乱を未然に防ぐと同時に、外部からの攻撃に対しても迅速・効率的に対処するために作られたと解釈されている。正帝が退位すると副帝が正帝位に就いたので、後継者争いも避けることができる。政治の天才ディオクレティアヌス帝が、三世紀の危機の原因をなくすために考案した仕組みというわけだ。

しかし、分担統治といっても、東の正帝ディオクレティアヌスただ一人がすべてを決め、他の三名は、実際にはディオクレティアヌスが決めたことを執行する代理人にすぎなかった。また、東の正帝ディオクレティアヌスの娘が副帝ガレリウスと結婚し、西の正帝マクシミアヌスの養女テオドラとコンスタンティウス一世が結婚するという姻戚関係が作られ(図2－3)、王朝が擬制されるなど、テトラルキアの仕組みには、旧来の政治システムと比べて、原理的には何も新しいところがなかった。

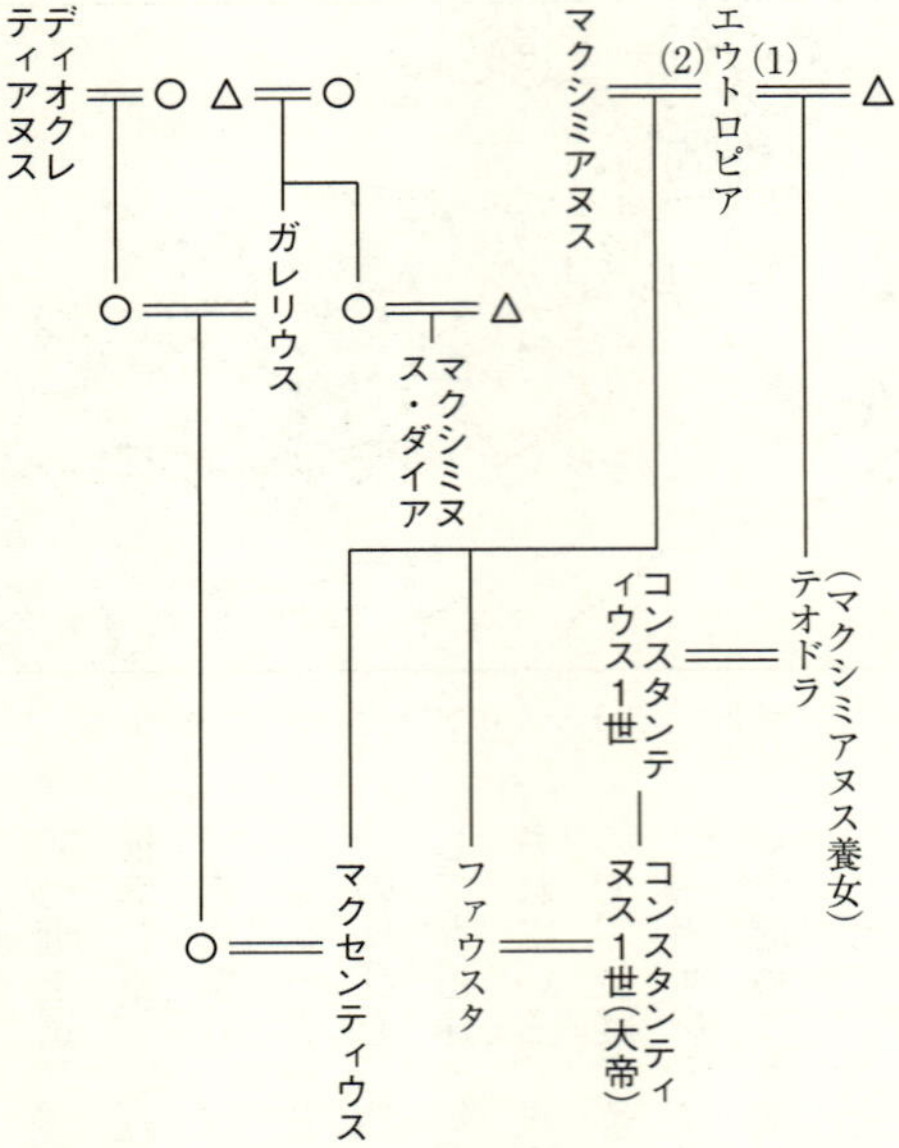

図2–3　テトラルキア時代の皇帝たち．太字は皇帝，○は女性，△は男性，数字は同一人の結婚の順を示す

コンスタンティヌスは、このテトラルキアのいわば被害者である。彼の母ヘレナが、父が正帝マクシミアヌスの養女テオドラと結婚したため、離縁されたからである。そして、彼自身も

あたかも人質のように、ディオクレティアヌスやガレリウスの下で勤務させられた。

三〇五年、ディオクレティアヌスは自ら皇帝位を退き、マクシミアヌスも退位させたので、東の正帝には副帝のガレリウスが昇格し、コンスタンティヌスの父コンスタンティウス一世も副帝からついに西方の正帝となった。帝国の西半、特にガリアとライン川辺境地域、ブリテン島が管轄で、根拠地を現在のドイツ、モーゼル河畔のトリーアに置いた。彼の副帝として、同じくドナウ沿岸属州の下層の出の軍人セウェルスが任じられた。東方でも、同様の出自のマクシミヌス・ダイアが副帝となったが、正帝ガレリウスの姉妹の子であった。これが、テトラルキアによる帝位の交代が後にも先にも唯一平和裏に実施されたケースである。

昇格したコンスタンティウス一世は、まもなくブリテン島北部へ遠征した。この遠征軍に、息子コンスタンティヌスがどうにかガレリウスの下から逃れて合流した。そして、その後まもなく、コンスタンティヌスはテトラルキアの仕組みを壊す事件をひき起こすのである。

### 帝国西半の混乱

遠征中の皇帝コンスタンティウス一世が、三〇六年七月二五日、ブリテン島北部の町エボラクム(現ヨーク市)で死去した。そのため、テトラルキアの仕組みでは、副帝セウェルスが昇格して西方の正帝となるはずだった。ところがブリテン島の軍隊が、同道していた亡き皇帝の息子コンスタンティヌスを皇帝と宣言してしまった。しかも副帝ではなく、父と同じ正帝と宣言したのである。当時、コンスタンティヌスは三〇歳を少し過ぎたくらいであった。

この事態を東の正帝ガレリウスは認めなかった。八月になって、ガレリウスは西の正帝に副帝セウェルスを昇格させ、軍隊に正帝とされたコンスタンティヌスについては、副帝として承認したのである。正帝にはなれなかったものの、これによって、コンスタンティヌスはブリテン島、ガリアを管轄下において、統治者の一人に加わることになった。しかし、コンスタンティヌスが副帝となったことは、さらに厄介な事態を招くこととなる。同じ年の一〇月にローマ市で、先に退位していたマクシミアヌス帝の息子マクセンティウスが皇帝(正帝)と宣言されたからである。イタリアだけでなく、アフリカやシチリアなどもその皇帝即位を承認した。しかも、この年のうちに、退位したはずのマクシミアヌスまでが復権を求めて活動を再開した。テトラルキアはもはや機能しなくなってしまった。

マクシミアヌスとマクセンティウスの父子は正帝セウェルスを戦いで破って殺害し、イタリア・アフリカ・ヒスパニア(イベリア半島)を統治した。しかし、やがて父と子の関係はうまくゆかなくなり、マクシミアヌスはコンスタンティヌスに近づいて、三〇七年の晩夏には娘のファウスタとコンスタンティヌスを結婚させる。コンスタンティヌスは、すでにミネルウィナという女性と結婚し、男子クリスプスをもうけていたが、これを機に彼女を離縁する。この二度目の結婚で、ファウスタとの間に後に帝位の後継者となる三人の男子と二人の女子を持つこととなる。さらに、マクシミアヌスが再び正帝を名乗るようになるとともに、彼の支持を得たコンスタンティヌスも、これより正帝を名乗るようになった。

帝国西半に三人も正帝がいる事態は、東の正帝ガレリウスには解消できず、三〇八年一一月に、隠居していたディオクレティアヌスを招いて、現オーストリアのウィーン東方に位置するローマ陣営都市カルヌントゥムで協議がなされた。この結果、マクシミアヌスは再び退位を承諾し、コンスタンティヌスも副帝に戻され、新たに正帝としてリキニウスが任じられた。リキニウスもまた、バルカン半島の農家出の軍人であった。

## 勝利の道程

しかし、ディオクレティアヌスの威光をもってしても混乱は解消されなかった。

ローマ市のマクセンティウスは帝位を主張したまま、イタリアやアフリカを支配し続けていた。その父で元の正帝マクシミアヌスは、今度は女婿のコンスタンティヌスに対する反乱を扇動した。コンスタンティヌスは三一〇年にこの義父を攻めて、南フランスのマッシリア(現マルセイユ)で自殺に追い込んだが、この事態に、ローマ市のマクセンティウスは、不仲だった亡き父マクシミアヌスを元老院に要請して神格化し、国家神に加えて、自らは「神の息子」を称する。このため、マクセンティウスとコンスタンティヌスとの間の緊張は急速に高まった。

翌三一一年になると、東の正帝ガレリウスが世を去った。この時点で帝国には、リキニウスとコンスタンティヌス、東方のマクシミヌス・ダイア、そしてローマ市で帝位を僭称するマクセンティウスの、合計四人も正帝を主張する者がいた。帝国東半でマクシミヌス・ダイアと対立したリキニウスはコンスタンティヌスに接近し、一方マクシミヌス・ダイアはイタリアのマクセンティウスと結ぶようになる。こうして対立の構図がはっきりと見えてきた三一二年になって、コンスタンティヌスはついにイタリアに侵入した。そして、一〇月二八日、ローマ市でマクセンティウス軍と戦った。ミルウィウス橋の戦いである。

コンスタンティヌスの軍勢の倍以上の兵力を擁したマクセンティウスは、当初堅牢なローマ市の城壁内にこもってコンスタンティヌスを待ち構えたが、途中で作戦を変更し打って出て、コンスタンティヌスの軍に短時間のうちに敗れてしまった。退却したマクセンティウスは、ティベリス川で溺死した。勝者コンスタンティヌスは市内に入って元老院で正帝として承認され、とうとうローマ帝国の西半の支配権を手に入れたのである。

この戦いの翌年、コンスタンティヌスはリキニウスと北イタリアのミラノで会談し、キリスト教を公認することを取り決めた。リキニウスは、会談後にすぐに東に移ってマクシミヌス・ダイアを破り、帝国東半を支配下に入れた。そして、ミラノ会談の取り決めに従ってキリスト教を公認する勅令を発布した。これが世にいうミラノ勅令である。しかし、まもなくリキニウスはマクシミヌス・ダイアと同じようにキリスト教徒の迫害をおこなうようになった。コンスタンティヌスは、ミラノでの会談ののち、異母妹コンスタンティアをリキニウスに嫁がせていたが、リキニウスとの関係はすぐに悪化し、戦いとなった。一度講和したものの、三二四年に両者は正面から激突する。これが本章冒頭で紹介したアドリアノープルでの決戦であった。

### 「大帝」の誕生

教会史家エウセビオス（二六四頃〜三三九年）の作とされる『コンスタンティヌス大帝伝』によると、コンスタンティヌスはミルウィウス橋の戦いに先立つガリアの地で、正午過ぎに天高く光に包まれた十字の印を見、そこに刻まれた「汝これにて勝て」との文字を見たという。次の夜には夢でこの印を盾に使うようにいわれたとも伝える。もう一人、キリスト教護教論者ラクタンティウス（二四〇頃〜三二〇年頃）もこれと似た伝承を残している。コンスタンティヌスはギリシア語でキリストを意味する二文字を組み合わせて旗に表し（☧）、兵士の盾にも記した。そのお蔭で勝利を得た彼は、翌年キリスト教を公認し、自らもこれに帰依した。このようにコンスタンティヌスのキリスト教への改宗と支援は説明されることがあり、このミルウィウス橋の決戦はキリスト教の勝利を表すものとして象徴的な意義を持つとされてきた。

しかし、この戦いでコンスタンティヌスが破ったマクセンティウスは、決してキリスト教徒迫害に熱心だったわけでなく、むしろキリスト教に理解を示した統治者であった。ミルウィウス橋の戦いにキリスト教と伝統宗教との決戦、前者の勝利を見る歴史解釈は当を得ていない。

もしそれを見ようとするなら、それは単独帝位をかけたリキニウスとの決戦にあるだろう。リキニウスは、ミラノ勅令を発布後まもなく、キリスト教徒迫害をおこなうようになった。三二四年のアドリアノープルの戦いは、キリスト教徒弾圧をするリキニウス帝とキリスト教徒を支援するコンスタンティヌス帝との戦いだったのであり、コンスタンティヌスが勝利して単独皇帝となったという意味でも、キリスト教興隆の基礎をなしたという意味でも、この戦いがコンスタンティヌス「大帝」誕生の時であるといってよいだろう。しかし、帝国にとっては、コンスタンティヌスが長年統治した西を去って東に移ることになった年という点で、より重大な意義を持つことになる。

### 根拠地ガリア

以上のようにコンスタンティヌスの歩みを眺めてくると、彼が単独皇帝となるまで実に長い期間を戦ってきたことがよくわかる。相手を威圧する容貌、果敢な判断力と稀に見る実行力など、統治者として恵まれた資質を持っていたと伝えられるコンスタンティヌスであったが、それでも権力を掌握しそれを維持するために、苦闘しなかったはずがない。

この間に彼が統治したのは、帝国の西半、特にガリアを核とする地域であった。ガリアは現在のフランスを中心に、北はベルギーやオランダ、東はドイツ西部に及ぶ広い地域である（図2-4）。コンスタンティヌスの統治の根拠地は、父コンスタンティウス一世から引き継いだアウグスタ・トレウェロルム市、現在のドイツ、モーゼル河畔のトリーア市である。トリーアの町は、コンスタンティヌス父子の帝国のいわば首都であった。最大時の町の人口は七万人を数え、城壁に囲まれた市域の面積は二八〇ヘクタールほどあった。これは、帝政初期の首都ローマの一七八三ヘクタールには遠く及ばないものの、南フランスの重要都市ネマウスス（現ニーム）の二二〇ヘクタールより広く、一三三・五ヘクタールのロンディニウム（現ロンドン）の二倍以上あった。現在、世界遺産に早々と登録されたこの町を訪れると、市のシンボルになっているローマ時代の市門ポルタ・ニグラをはじめ、円形闘技場、公共浴場などが往事の町の繁栄を生き生きと伝えていて感銘を受けるが、これらと並んで目を引くのがバシリカである（図2－5）。現在はプロテスタン

図2-4　コンスタンティヌス１世（大帝）時代のガリア地方

図 2-5　(上)トリーア市のポルタ・ニグラ(ローマ時代の市門)／(下)トリーア市のバシリカ(ローマ時代の宮殿，現在は教会)

ト教会として使用されているこの重々しい建物は、いわゆる教会らしい建築物ではない。それは当然で、もとはコンスタンティヌス一世時代の皇帝の住まい、つまり宮殿であった。現在残されている建物の平面の大きさは七一メートル×三二・三メートルで、内部の高さは三〇メートルある。コンスタンティヌスが東に移動した後も、ガリアに加えてブリテン島やヒスパニア(イベリア半島)をも統括する行政区、ガリア道が設置されると、この町にガリア道長官の長官府が置かれ、トリーアは重要な都市であり続けた。

**ガリアの有力者たち**

トリーアをはじめ、ガリアには数多くの都市が栄えた。早くからローマの支配下に入った南フランスはもちろん、カエサルの遠征以降に帝国領になった地域でも都市が発展し、田園地帯にも規模の大きな農業屋敷、ウィッラが広範囲に展開した。ウィッラを所有する有力者たちは、都市に拠点を置いて行政区の運営をおこない、ローマ支配の一端を担っていた。コンスタンティヌスは三〇六年にブリテン島の父帝のもとに来るまで東方で軍務に就いていて、ガリアをはじめ帝国西半に繋がりはなかった。父の跡を受けてガリアを統治し始めたとき、彼が頼りにしたものは、まずは父コンスタンティウス一世と岳父マクシミアヌスが有した在地の人々との繋がりだっただろう。有力者を組織して、彼独自の支持基盤を作る必要があった。

ところで、コンスタンティヌスの時代から五世紀にかけてのガリアの支配層がどのような人々であったかについては、学界でずいぶん議論されてきているが、現在でも決定的な学説が定まっているわけではない。ガリアの地は、先述のように、三世紀にライン川に近い地域は外部からの侵入を経験し、三世紀後半にはガリア帝国が成立して一時ローマ帝国から分離し幾多の戦乱に見舞われるなど、多事多難であった。この時期に、ガリアの北部では、数多くのウィッラが放棄されたことが考古学調査によって知られている。都市は三世紀のうちに石造りの城壁をめぐらし、防備を固めるようになった。こうした試練を越えてコンスタンティウス一世とコンスタンティヌス一世の父子の統治時代を迎えたガリアでは、帝政前期からの有力家系が零落して絶えてしまったことも多かったと思われる。一方で、四世紀以降に新たな支配層が興隆してきた。その中には、新たに土地と富を集積した大土地所有者ばかりではなく、後期ローマ帝国において急増した帝国の公職を獲得した人々もいたことが知られている。

コンスタンティヌスはガリアの有力者や有為の人材を、ローマ市の元老院とは関係なく、「元老院格」の有力者として引き立てていった。こうした元老院格の位階を持つ帝国公職に就いた人やその子孫は、わが国の学界では「セナトール貴族」と呼ばれるが、後期ローマ帝国時代の支配層の一角を占める重要な存在である。ガリアを核とする帝国西半には、彼らのような大土地所有者や帝国公職保有者などの有力者が強い力を保持しており、皇帝政府が絶対的な指導力を持つような政治構造は生まれなかった。先に見たコンスタンティヌスの元老院議員の帝国統治復帰策は、彼が帝国西半を統治している間に経験したガリアの在地有力者層との関係に起因していると私は考える。それは、まだ「大帝」になっていない、強くはない時期のコンスタンティヌスがなした、在地の有力者との妥協だったのである。

一方、リキニウスを打倒して東に移ったコンスタンティヌスは、ディオクレティアヌス帝による帝国統治からの徹底した元老院議員排除の効果もあり、また攻め取った勝利者としての強さで、帝国東半では直属の官僚を用いる強い皇帝政治を打ち立てることができた。旧来の支配層には基づかない新しい権力機構で、皇帝の意を受けた官僚が大きな役割を果たす体制である。

こうして、コンスタンティヌスの治世において、三二四年の戦いを境として、帝国の西半と東半では皇帝権力の強さと統治の構造が明らかに異なる状況が次第にできあがっていった。この違いは継続・拡大して、東西両地域の歴史的な展開に大きな影響を及ぼしていく。その影響こそ、とりわけ帝国西半においては、帝国の衰退に直結するものなのである。

### 「外」の人々の重用

さて、帝国西半を統治する間に、コンスタンティヌスはたびたび外部の諸部族に対して軍事行動をおこなった。これは、父コンスタンティウス一世統治時代からの課題だっただけでなく、自らの支持基盤であるガリアを守る立場からも必要だった。フランク族に対して三〇六年秋から三〇七年初めにかけてと三一〇年夏に、また三〇八年にブルクテリ族に対して、そして支配領域を広げてからはゴート族に対して三一五年と三二三年初めに遠征している。最初のフランク族への遠征後に読まれたと思われるコンスタンティヌス賞賛の演説では、彼が幾千人ものフランク族の人々を殺害し、王二人を捕らえて円形闘技場の見世物に供した、と讃えられている。

しかし、一方でコンスタンティヌスは外部の諸部族やその出身者を重用した。古代の伝承をそのまま紹介すれば、コンスタンティヌスが三〇六年にブリテン島ヨークで初めて皇帝に宣言されたとき、それを推進した人物はアラマンニ族の首長クロクスなる者だった。マクセンティウスと戦うべくローマ市に侵攻したとき、コンスタンティヌスの軍の重要な勢力は「ゲルマン人」の部隊であったと伝わる。五〇〇年頃に書かれたゾシモスの史書『新しい歴史』によれば、コンスタンティヌスの軍事力を支えたのは「ゲルマン、ケルト、ブリトン人」の人々であった。マクセンティウスに勝利した後、彼を守った近衛隊を解散したコンスタンティヌスは、新たな皇帝近侍の軍隊を編制したが、この禁軍「スコラ部隊」は「ゲルマン人」によって構成されたと伝えられる。三二四年の決戦の際にコンスタンティヌス軍で活躍した指揮官の一人には、フランク族の出のボニトゥスがいた。さらに、四世紀を知るための最も重要な史料たるアンミアヌス・マルケリヌスの史書『歴史』も、「コンスタンティヌス大帝は初めて蛮族にコンスルの衣装を着けさせるまで昇任させた」と述べている。後の皇帝ユリアヌスも、名誉あるコンスルの職を「ゲルマン人」を就任させることで汚したと、コンスタンティヌスを批判している。

だが、これらの記述は、少し割り引いて考えねばならない。例えば、史家アンミアヌスがコンスタンティヌスの「ゲルマン人」コンスル登用を述べている記述は、三六一年のコンスルにネウィッタというフランク族出身の武将が就任したことを述べたくだりに現れる。このネウィッタをコンスルに指名したのは、コンスタンティヌスを批判した他ならぬユリアヌス帝であった。実はコンスタンティヌス治世にコンスルになった人物を調べても、「ゲルマン人」とおぼしき名の人物は見当たらない。

コンスタンティヌスの「ゲルマン人」重用を述べた古代の記録は、部族や民族、そしてそのアイデンティティなどに配慮した記述ではないので、そのままでは私たち現代人の知りたい水準では利用できないが、記録を残した著述家の生きた時代の状況に配慮しつつ、コンスタンティヌス時代の状況を考察すると、おおよそ次のようなことがいえよう。

### 外部諸部族の登用

先に述べたように、ローマ帝国はその歴史を通じて、外部から人材を登用してきた。帝国軍の兵士も同様である。皇帝政治が始まった頃は、早くからローマ領になり住民にローマ市民権保持者が多かったイタリアや南フランス、イベリア半島の出身者が、正規軍団を構成した。二世紀以降は軍団兵士が駐屯地に近い地域で徴募されるようになったので、ドナウ川やライン川周辺の辺境属州、そして帝国東部の出身者が増えた。三世紀の危機の時代の軍隊は、ドナウ川沿岸からバルカン半島にかけての田園地帯出身者が中核となった。こうした流れの延長上に、ローマ帝国内に居住するようになった外部部族やその出身者、帝国外縁部から移住した者たちがローマ軍で働くようになった事態も位置づけることができる。すなわち、すでに三世紀以前から、フランク族やアラマンニ族など、ライン辺境に近接した外部地域から帝国領内に移り住んだ部族の出身者が帝国軍に加わるようになったので、決してコンスタンティヌスが始めたわけではないが、古代の証言から考えるに、彼が明らかにそれ以前の皇帝たちよりもこうした動きを進めたことは確かだろう。

先の証言から私たちが読み取るべきは、コンスタンティヌスの治世にかなりの数の新しく帝国軍に参入した人々がいて、その人々には外部世界の部族やそこからの移住者、およびその子孫が多数含まれていたこと、そして皇帝は、兵士として働き自分の役に立つ軍人を登用する際に、特にその出身地や集団を問題にしなかったことである。同時に、そうした動きに対して反感を覚え、新しい参入者を「蛮族」「ゲルマン人」として他者と扱う考え方があったことも明記しなければならない。ただし、「ローマ人」の側に立つと自己認識する人々、特に帝国政治に関わる者がこれらの人々を「ゲルマン人」と一括りにし、敵意をもって扱うようになるのはもう少し後のことであり、先に見た記録の大半は、後代のそうした敵意ある見方をコンスタンティヌス大帝時代まで遡らせて書いていることを忘れてはならない。コンスタンティヌス時代にこうした参入者に対する激しい敵意や拒否感が見られたとは想定すべきではないであろう。

あわせて明記したいのは、新しい参入者といってもローマ帝国と遥かに隔たった異世界から来た人々ではなかったことである。第一章で述べたように、ローマ帝国の辺境はゾーンであって、外部世界の人々がローマ国家と縁がなかったわけではない。それゆえ、外部世界からの参入者の増加、特に軍隊に見えるそれをローマ帝国ないしローマ軍の「蛮族化」というステレオタイプな表現で片付けては、ローマ帝国の本質も衰退の意味も見誤ることとなろう。

### 軍制改革

単独皇帝となったコンスタンティヌスは、三三七年の死に至るまで、精力的に統治に当たった。彼はディオクレティアヌスがおこなった制度改革や新制度を受け継いで、帝国を立て直したと語られ、確かにそのように考えられる施策もある。しかし、例えば軍制の面では顕著な違いがあった。ディオクレティアヌスは、三世紀に深刻化した外部からの属州攻撃を防ぐために、辺境に常時駐屯する兵力を約二倍に増やした。このため、ローマ軍の総勢は一挙に六〇万人になった。辺境では一時、軍隊駐屯線が太くなったわけである。しかし、コンスタンティヌスは逆に、辺境に張り付いた兵力を削減し、自由に移動できる大規模な野戦機動軍創設に振り向けた。野戦機動軍を創設したのは三世紀のガリエヌス帝だが、この時は小規模な騎兵部隊にとどまっていた。コンスタンティヌスは騎兵だけでなく歩兵の機動軍も含む規模の大きなものとし、その本格的な機動軍を新しく設置した歩兵軍司令官と騎兵軍司令官の指揮下に置いたのである。

　多数の兵士を辺境に駐屯させるディオクレティアヌス帝の方策は、兵士への物資供給などの点でいずれ維持が難しくなったに違いない。それゆえ、コンスタンティヌスが辺境守備の兵力を削いで野戦機動軍に回した理由を、財政面の配慮に求める研究者もいる。一方で、本格的な機動軍創設をコンスタンティヌスの保身のための道具と理解する研究者もいる。彼が帝権獲得の過程で長い戦いの日々を過ごし、自由に使える機動軍を重視したことは容易に理解できよう。

　ここでは、コンスタンティヌスの軍制改革について、その後の歴史的展開を考える上で大事な点を二つだけ指摘しておきたい。まず、一点目は、この本格的な野戦機動軍が、この後、帝国の主な統治区分になる東のオリエンス道、中央のイリュリクム道、そして西のガリア道に作

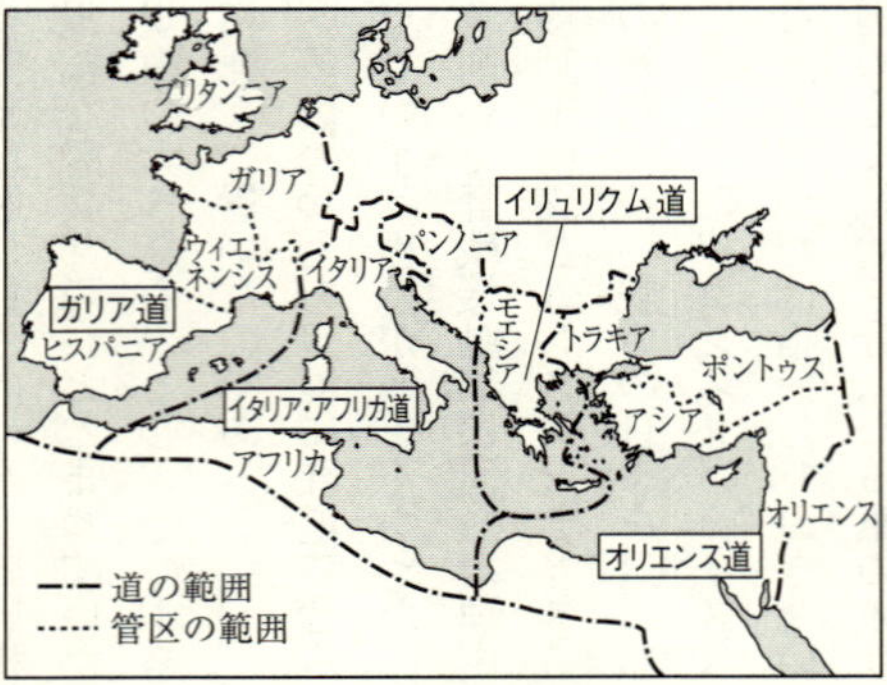


図2–6　ローマ帝国の道・管区

られて発展し(図2－6)、しかも歩兵長官と騎兵長官に分かれていた指揮権が「総司令官」(ラテン語でマギステル・ミリトゥムという職)に一元化されていくことである。この重要な職に、四世紀後半になると外部部族出身の軍人エリートが就任することとなる。

第二点目は、機動軍の創設のために辺境駐屯の兵力を削減したことである。コンスタンティヌスは、多くの兵士を配置することによって外部の勢力を排除する傾向を強めたディオクレティアヌスの戦略を放棄し、再び曖昧なゾーンに戻した。これによって、外部世界とローマ世界との間には、ローマ側の強い制止を受けずに人々が行き来し、コミュニケーションができる状態が継続する。そして、外部世界に変動が生じると、それがそのままローマ帝国領内に影響することになった。この体制もまた、四世紀最後の四半世紀に重大な試練を迎えることになる。

### 晩年の大帝

実は、ここまで語ってきた、こうしたコンスタンティヌスのローマ帝国の有様こそが、帝国の「衰退」の基礎要因となっていく。コンスタンティヌスの時代そのものに、国勢上の衰退があるわけではない。特に外部世界に対してはその兆候は見られない。しかし、あくまでも基礎要因はここにあると私は考えている。これが、具体的にどう展開してゆくかは次の章からの話となるが、その前に、コンスタンティヌスの晩年を語っておこう。

単独皇帝になって後、コンスタンティヌスの関心は帝国の東に傾いていき、ビュザンティオンが将来の帝都になるよう設備を整え始める。三三〇年には自らの名を与えてコンスタンティノポリス(以下では、コンスタンティノープルと呼ぶ)とし、教会などを建立していった。ただ、三三〇年に遷都があったわけではない。コンスタンティノープルが皇帝の常在地、帝国統治の根拠地となるのは四世紀末、テオドシウス一世帝時代からである。

「強い」コンスタンティヌス大帝にも、内には「弱い」部分があるのを伝えるエピソードにも触れておかねばならない。コンスタンティヌスは最初の結婚で妻ミネルウィナからクリスプスという男子を得ていた(図2-7)。彼は三一七年に副帝に任じられ、祖母と同じヘレナという名の女性と結婚して子をなし、順調に後継者として成長した。若くして有能な指揮官であり、本章冒頭に記したリキニウスとの決戦時、コンスタンティヌスは彼に艦隊を率いさせたが、数に勝るリキニウスの艦隊を攻撃して一三〇隻を沈める大勝利をあげ、陸上での父親の最終的な勝利に大いに貢献している。その長男クリスプスを、コンスタンティヌスは三二六年春に突如処刑したのである。続いて、その年の夏には、今度は妻ファウスタを処刑した。

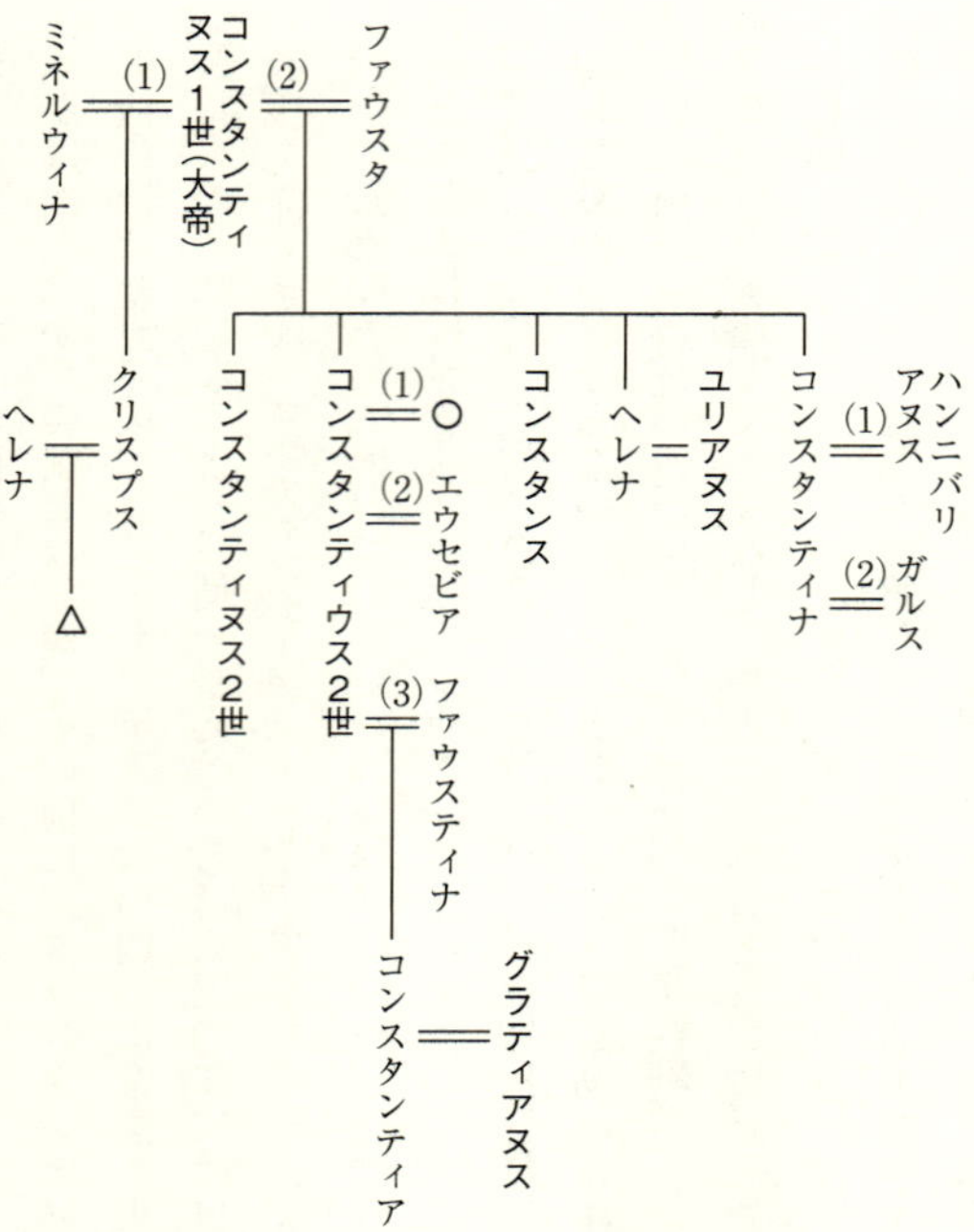


図 2–7　コンスタンティヌス１世(大帝)の子孫

大帝が長男と妻を処刑したこの陰惨な事件については、いくつかの伝承がある。クリスプスが義母ファウスタに道ならぬ関係を迫ったとの讒訴《ざんそ》に怒った大帝は、充分な調査もしないままクリスプスを処刑した。ところが、しばらくして、ファウスタのほうがクリスプスを誘惑しようとして拒絶されたので讒訴したと真相が判明し、激怒した大帝は蒸気の部屋に妻を閉じ込めて殺した。伝えられる事実経過はおおむねこのようであるが、自分の息子たちの帝位継承を実現させようと考えたファウスタがクリスプスを陥れようとしたとか、大帝の母でクリスプスの祖母であるヘレナが、可愛い孫の復讐をせんとファウスタに姦通の嫌疑をかけて告発させたといった、ゴシップめいた伝承もあり、さらにこの事件のために、大帝はキリスト教に救いを求めて改宗したとの見方もある。

先に、コンスタンティヌスが果敢な判断力と稀に見る実行力を持つ人物と書いたが、粗暴な面が彼の欠点であったことは間違いなく、この時もただ激情に身を委ねて暴走してしまったのかもしれない。いずれにしても、これによって、彼は第一の帝位継承者を自ら葬り去ってしまった。そして、帝国統治については様々な施策を実施してゆくものの、晩年の大帝には身近なところで揺らぎが続く。例えば、キリスト教の信条にまつわる経緯にそれが見える。

コンスタンティヌスは、単独皇帝となった翌年の三二五年にキリスト教の宗教論争に介入して、ニカイア(現トルコのイズニク)に公会議を召集した。そこで、父なる神と子なるイエスは同質(ホモウーシオス)とする信条(ニカイア信条)を採択して、アリウスの唱える、子が父に従属するとする学説を退け異端とし、彼を流刑にした。しかし、その後コンスタンティヌスはアリウスの学説に接近し、この学説を採るニコメディアのエウセビオスの影響を受け、三三五年にはアリウスの追放処分を解除している。死の床で皇帝に洗礼を施したのも、このエウセビオスであった。以後、東のローマ皇帝の宮廷ではアリウス派が強い力を持ち、一方、ニカイア信条を説くアタナシウスは五度にわたって、合計一七年間も追放処分とされている。

さらに不可解なのは、後継者問題である。クリスプスが処刑された後、ファウスタの産んだ三人の男子が帝位継承者候補として存在した（図2－7参照）。このうち、最年長のコンスタンティヌス二世は、誕生まもない三一七年に副帝とされた。次のコンスタンティウス二世も、父が単独皇帝となった三二四年に、七歳で副帝となった。末子コンスタンスは、一〇歳から一三歳くらいと推定される三三三年に副帝とされている。大帝は彼らに帝国を分割統治させるつもりであったのか、その意図はわからない。不可解なのは、この三人でも帝位継承者は充分にいると思われるにもかかわらず、大帝はさらに他の親族も帝国統治の重要な地位に就けたことである。他の親族とは、大帝の父コンスタンティウス一世が二番目の妻テオドラから得た子たちとその子孫である（図3－2参照）。

大帝は、異母弟ユリウス・コンスタンティウスに最高貴顕の称号パトリキウスを与え、三三五年にコンスルとした。いま一人の異母兄弟フラウィウス・ダルマティウスには二人の息子がいたが、そのうちの同名の息子を三三五年に副帝とし、もう一人の息子ハンニバリアヌスにも三三五年頃に高い地位を与え、娘コンスタンティナを嫁がせもした。この「高い地位」とは、ポントゥスという黒海沿岸の地域の「王」を表す称号として伝えられており、ハンニバリアヌスにはパトリキウスの呼称も残されている。

三人の男子がいるにもかかわらず、多くの親族を皇帝権力に近いところに任命した大帝の意図は、一体何であったのだろうか。かのアウグストゥス帝も、晩年孫や養子を多く重職に就けている。史家タキトゥスはアウグストゥスが「できるだけ多くの後楯で自分を守ろうとしたのである」(國原吉之助訳『年代記』)と書いているが、コンスタンティヌスも、自分が樹立した帝権を守るために、親族を総動員しようとしたのであろうか。ローマ人は法の民であり、法と法文化の発展にこれほど寄与した人々は世界史上稀であるが、ローマ皇帝の継承を決める法律は作らなかった。というよりも、ローマ皇帝位の継承は単一の法で決まるような性格のものではなかったというべきだろう。いずれにせよ、皇帝政府に多くの帝位継承有資格者がいることは、アウグストゥスの死後の一族内の争いのような陰湿な事態を招く恐れがあった。そして、現実にそれは生じてしまう。三三七年に大帝が世を去ると、次の時代のローマ帝国は、血なまぐさい暴動とともに始まることとなるのである。

# 第三章　後継者たちの争い
## ――コンスタンティウス二世の道程――

ローマ帝国は、コンスタンティヌス大帝の死後、三子に分割されたが、首都での暴動や帝位をめぐる争いが生じ、不安の時代を迎えた。その後、単独皇帝となったコンスタンティウス二世も、その陰気で疑り深い性格のゆえに、その治世のイメージはすこぶる暗い。だが、大帝の作り出した対外的な強勢は、コンスタンティウス二世の時代にも、決して揺らいではいない。ローマ帝国は表だって衰退の兆しは見せていないのである。ではなぜ、その半世紀ほど後に帝国は完全な崩壊状態になってしまったのか。この時代に何らかの原因はないのか。大帝の後継者たちの時代を、政治の動きを追いながら眺めてみよう。

### ローマの「敵」ペルシア

コンスタンティヌス大帝は、長らく統治を担当した帝国西半地域に接して居住する諸部族に対して、軍事行動をおこない、ローマ帝国優勢の状態を確保してきた。三三二年にはドナウ中下流域で帝国領を脅かしていたゴート族の一派、テルウィンギを攻めて、大きな勝利を得ている。しかし、ライン・ドナウ辺境の諸部族は、ローマにとって恒常的な「敵」あるいは「他者」というわけではなく、曖昧な存在だった。しばしば帝国領を荒らすけれども、属州内の居住者ともなり、ローマ軍の一員ともなりうる人々である。ローマの真の「敵」、「他者」は東方にあった。それは、三世紀初めまではパルティア王国であったし、その後はササン朝ペルシアとなる。

よく知られているように、ローマから見て東の「日の昇る地方」すなわちオリエントは、世界史上最も早く「文明」を達成した地域の一つであり、古代ギリシア人はその文明形成に際して、先進的なオリエントから多大な影響を受けた。ギリシア人は自分たちをヘレネスと呼び、ほかの民族集団を「わけのわからない言葉を話す人々」という意味でバルバロイと呼んだが、そこに最初は軽蔑の意味は込められていなかった。しかし、前五世紀のアカイメネス朝ペルシアによるギリシア遠征、つまりペルシア戦争を経験して、ギリシア人の意識の中でオリエントは「敵」であり「他者」として認識されるようになる。ペルシア人は「野蛮」で「女々しい」異民族とされ、軽蔑の対象となった。バルバロイは、軽侮の念を込めた「野蛮人」「蛮族」を意味する言葉となり、今日の英語の barbarian の語源となったのである。

ローマ人も、ギリシア人と同様の認識を継承した。共和政末期にはパルティアの脅威がローマ国家内でさかんに喧伝され、実際に三頭政治家のクラッススが遠征して敗死した。カエサルも遠征を考えていたが、その前に暗殺された。さらに、アントニウスもパルティアを攻めようとして失敗している。帝政期に入ると、トラヤヌス帝やマルクス・アウレリウス帝、セプティミウス・セウェルス帝らが軍を派遣してパルティアに勝利し、領土を得て外交上の優位を保った。しかし、パルティアに代わってササン朝が興起すると、ローマは圧倒されるようになり、特に二六〇年には、皇帝ウァレリアヌスがペルシア王のシャープール一世に敗れて捕虜となるに至った。その後、ディオクレティアヌス帝がやや勢力を回復したが、依然としてペルシアはローマ帝国の脅威だった。少なくとも、ローマ帝国の政治を担う人々にとって、ペルシアこそ真の「敵」であり、「他者」なのであった。

## 巨星墜つ

ローマ国家をすべて手に入れたコンスタンティヌス大帝にとって、残された偉大な統治者たるに相応しい功業こそペルシア討伐であり、ペルシアに対する軍事的・外交的優位を確実なものとすることだった。また、三三六年から始まっていたペルシアの攻撃的行動に対応しなければならない現実の要請もあった。そこで、大帝は三三六年に即位三〇年祭を祝うと、戦争準備を整えて、翌三三七年にはコンスタンティノープルを出発した。しかし、すでに六〇歳をいくつか過ぎていた大帝は病を発し、まもなくニコメディア(現トルコのイズミト、図2-2参照)で動けなくなって、五月二二日、ついに死去したのである。

まさに巨星墜つの事態に当たって、直ちに大帝の葬儀を準備したのは、残された三男子の第二番目、コンスタンティウス二世である(図3-1)。大帝の晩年、三子は副帝としてそれぞれ

図3-1　貨幣にみえるコンスタンティウス2世像

の担当地域に派遣されており、帝国領の東の部分を担当しペルシア戦線に備えていたコンスタンティウス二世が、父の居場所に一番近かった。彼は、アンティオキアを発って父帝の亡骸をコンスタンティノープルに移し、葬儀の用意をした。大帝は死の床で、アリウス派のニコメディア司教エウセビオスによって、キリスト教的な儀式を受けたが、史家エウトロピウスの記述や貨幣の銘から、大帝がそれまでのローマ皇帝たちと同様に、死後に神格化されてローマの国家神(ディウス)の列に加えられたことがわかっている。大帝は、公的には「キリスト教徒皇帝」ではなかった。

大帝の葬儀が終わり、その遺骸は聖使徒教会の殉教者墓地に安置された。そして、九月九日には、三人の息子たちが全員「正帝」となった。彼らはその年の秋、属州パンノニア(現ハンガリーに相当)で会し、担当領土について合意した。大帝のローマ帝国は三分されて、分割統治されることになった。そして、この三正帝誕生に至るまでの時期に、コンスタンティノープルで惨劇が起きた。正確な月日はわからないが、ともかく九月九日以前のある日、軍隊がコンスタンティヌス大帝の親族らを襲って殺害してしまったのである(図3－2)。

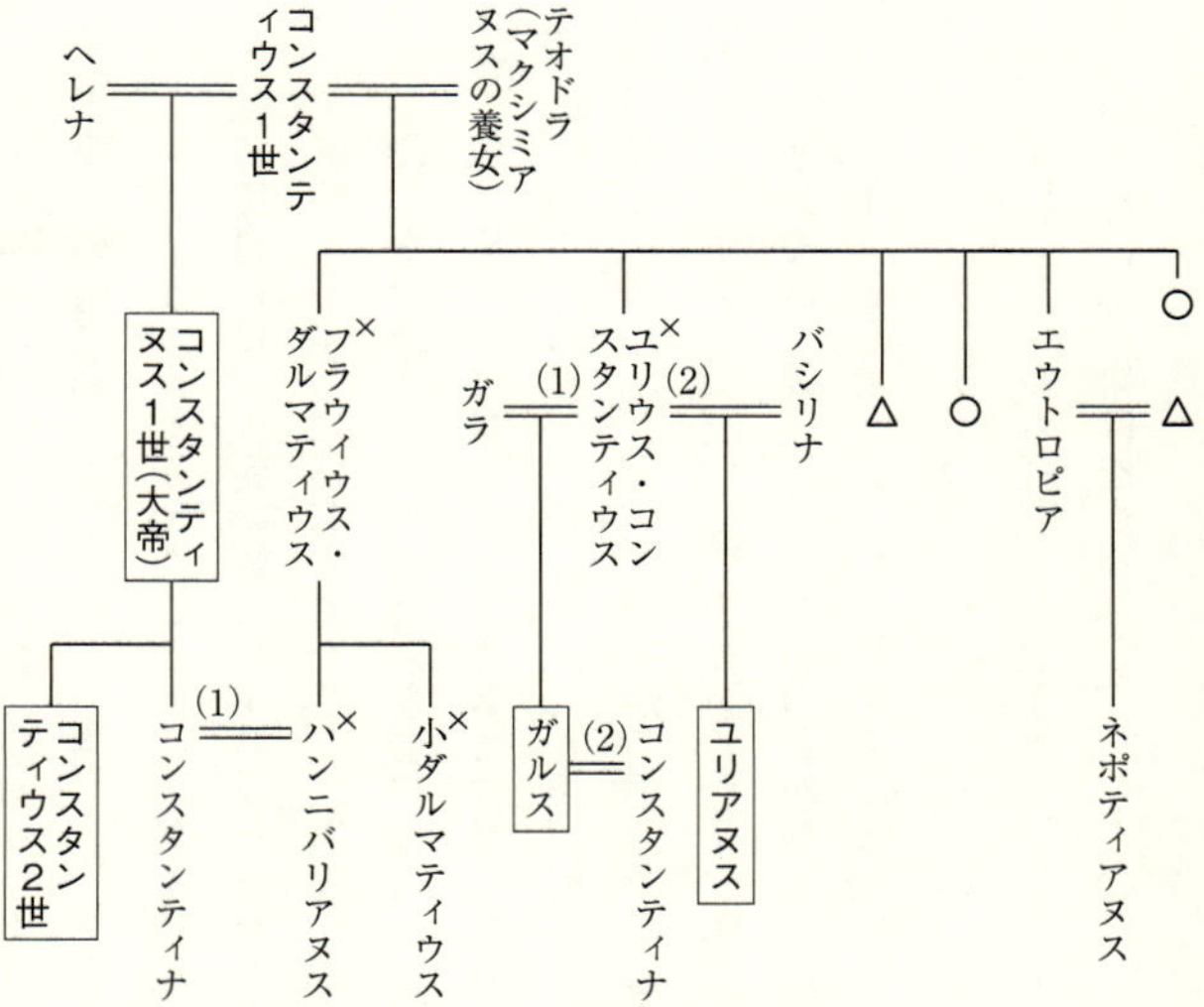


図3-2　コンスタンティヌス1世（大帝）の親族．×印は337年の軍隊の暴動で殺害された人物．ハンニバリアヌスの妻コンスタンティナとガルスの妻コンスタンティナは同一人物

**血で染まった船出**

第二章でも述べたように、大帝は晩年、副帝となっている息子が三人いるにもかかわらず、異母弟やその子らを高い地位に就け、その一人には副帝の称号も与えていた。その人々を、軍隊が一日のうちに葬り去ってしまったのである。殺害されたのは、大帝の異母弟ユリウス・コンスタンティウスと名前が知られてないその息子、同じく大帝の異母弟フラウィウス・ダルマティウスとその息子である小ダルマティウスとハンニバリアヌスである。親族のうち、二人の男子だけが殺害を免れて生き残った。

ユリウス・コンスタンティウスの息子ガルスとユリアヌスである。二人は母が異なり、ガルスはこの事件の時におそらく一一、二歳で、ユリアヌスのほうは六歳だった。ガルスは病弱、ユリアヌスはあまりに幼かったことが、虐殺を免れた理由と思われる。

古代の史書には、大帝の甥の小ダルマティウスが三三五年にギリシアの北、トラキアとモエシアを統治する副帝に任じられたことに軍隊が不満を持っていた、とある。しかし、なぜ不満であったのかを教える記述はどんな資料にもなく、これ以上の情報はない。かのギボンは、五世紀の教会史家フィロストルギウスの作品に拠りながら、コンスタンティヌス大帝が異母兄弟たちに毒殺されるということを記した遺言書が大帝の死後出てきて、それによって激高した軍隊が暴動を起こしたと書いているが、信頼できる史書などにそのような遺言書についての言及はなく、ギボンの『衰亡史』を校訂した歴史学者ビュアリも、ギボンの誤りとしている。

この暴動では、親族以外にも有力者が殺された。元は文法教師で、大帝に大きな影響力を持ち、最高貴顕を意味するパトリキウスの称号を与えられ、三三四年にコンスルになっていたフラウィウス・オプタトゥス、そしてクレタ島の下層出身でありながら重要公職に就いて昇進し、三三一年にコンスルも経験したフラウィウス・アブラビウスである。親族だけでなく、大帝治世の有力政治家の排除をも軍隊が実行したのは、何者かの教唆によったと考えざるをえない。

### 首謀者は誰か

軍隊が大帝の親族らを虐殺した行為は、いったい誰の指示で、何を理由になされたのか。少なくとも、事件当時は明らかにされなかった。大帝の甥で副帝位を与えられていた小ダルマティウスと、その兄弟で大帝の娘コンスタンティナを妻とし、「諸王の王」の肩書きを許されていたハンニバリアヌスは、死後に碑文からその名前を削除されている。いわゆる「記憶の抹消」の刑を受けているのであり、それから推測すると、彼らは反逆罪を理由に殺害された可能性が高い。しかし、彼らが何らかの陰謀を企んだとする古代の記録はない。

逆に、彼らが何らかの陰謀の犠牲になったという見方が当時より存在した。その際、陰謀の首謀者としては、コンスタンティノープルを拠点にして帝国領東半の統治を担当し、大帝の死後、継承のために最も精力的に動いたと思われるコンスタンティウス二世が疑わしいとされた。少なくとも生き残ったユリアヌスは、後にそのようにはっきりと書き記している。史家アンミアヌスもゾシモスも、犯人はコンスタンティウス二世と明記する。アンミアヌスは、コンスタンティウス二世が残虐さの点で、暴君とされる帝政前期の皇帝カリグラやドミティアヌス、コンモドゥスを凌ぎ、治世の初めにその血筋の者たちを根絶やしにしたと書いている。過去の歴史家たちもそのように見てきた。

ただ、コンスタンティウス二世は当時まだ二〇歳にすぎず、その妻は殺害された叔父ユリウス・コンスタンティウスの娘であった。また、同じく殺害されたハンニバリアヌスの妻はコンスタンティウス二世の妹である。こうした縁がある親族を、新皇帝はなぜ殺害させたのか。ギボンは『衰亡史』の中で、「結局このことが天下に証明して見せたのは、これら皇族たちにとって夫婦愛などとはまことに冷たいもの、また骨肉の絆だの、若い無辜《むこ》の少年たちの哀願だのには、完全に不感症という事実に過ぎなかった」（中野好夫訳）と述べているが、作家の印象を書いているにすぎず、事態を何も説明してはいない。

この事件については多くの分析や記述がなされているが、充分な経緯や背景の説明をすることは難しい。もっとも、このようなクーデタ的事件は、最盛期のローマ帝国でもしばしば起こった。体制が大きく移り変わる際、まだ脆弱な新皇帝には充分な制御ができぬ状況の中で、政界の再編を大きく進めようとする力が働いたと考えるのが妥当であろう。主導者を捜すとすれば、おそらくコンスタンティウス二世の周辺の人物である。しかし、皇帝は、本人がどの程度その政治行動に関与したかはともかくとして、すべての責任を負うことになる。かつて、即位直後に四人の有力元老院議員が処刑される事態が生じて、その責任を終生負うことになり憎悪された「賢帝」ハドリアヌスと同様、コンスタンティウス二世もその責任を問われることになった。肉親を殺害された者から憎まれるだけでなく、政治の世界にいる者たちに暗くて恐ろしい皇帝のイメージを与え、警戒されることとなったのである。

こうして、ローマ帝国の中でも最も豊かで、かつペルシア戦線に臨む必要のある帝国東半で、若い皇帝コンスタンティウス二世の単独政権が確立された。しかし、この惨劇のために、皇帝は頼ることができるはずの人材を失って、官僚や宦官《かんがん》の力にすがって政治をすることになった。つまり、この事件は、ローマ帝国東半で、後に顕在化する官僚・宦官政治が始まる起点なのである。

**支配権をめぐる争い**

コンスタンティノープルで起きた惨劇を、ほかの二人の皇帝たちがどのように見ていたかはわからない。帝国西部を担当する最年長のコンスタンティヌス二世にとっては、惨劇よりも、自分の担当することになった地域に対する不満のほうが大きかったかもしれない。

三皇帝の分担は、正帝即位時二一歳の長兄コンスタンティヌス二世が帝国西部のガリア、スペイン、ブリテン島を、二〇歳の次兄コンスタンティウス二世が副帝時代担当の東方属州すべてと、殺害された小ダルマティウスの担当であったトラキア地方を統治し、一〇代中頃の末弟コンスタンスが帝国中央にあたるイタリアとアフリカ北岸、さらにドナウ沿岸地方のイリュリクムと、小ダルマティウスの担当のモエシアを領有した（図３－３）。三人は早速それぞれ担当領域に接する帝国外諸部族と戦って、武威を示したが、長兄のコンスタンティヌス二世にはこの領土分割が不満だった。そして、まもなく末弟コンスタンスに対して実力行使に出た。三四

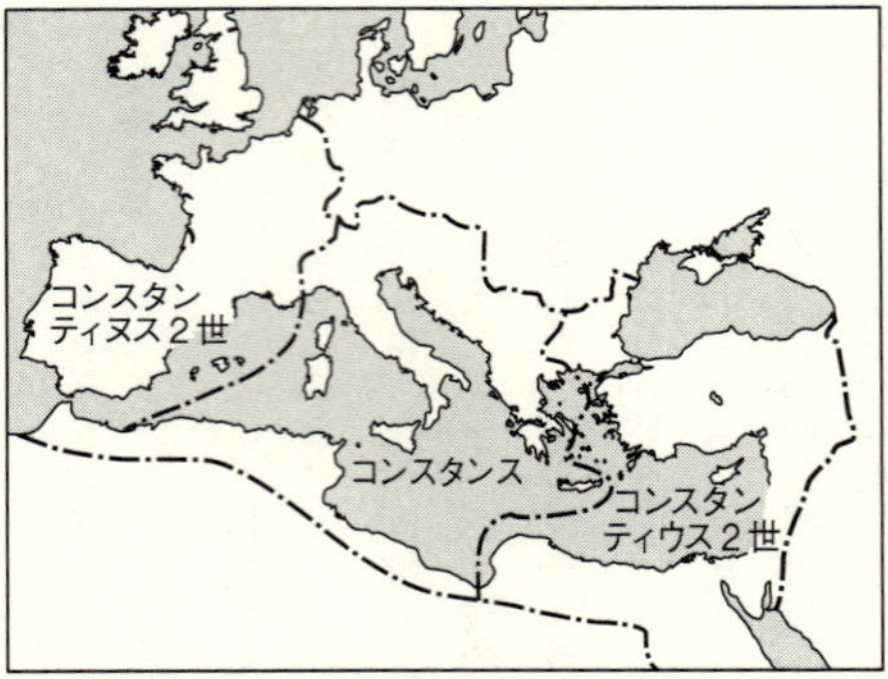


図 3-3　大帝の三子による帝国分割統治

〇年にコンスタンティヌス二世は軍を率いてアルプスを越え、弟の領土に侵入したのである。ドナウ中流域でサルマタエ系部族と戦っていたコンスタンスは、兄の侵入に対抗するために軍を送ったので、北イタリアの都市アクィレイア付近で両軍はぶつかった。結果は兄の軍が敗北し、コンスタンティヌス二世自身も戦死して、遺体はアルサ川に投棄された。

こうして、大帝死後わずかの間に、親族が殺害され、ついで息子たちの間の争いで一人がいなくなってしまった。ローマ帝国は、西半がコンスタンス、東半がコンスタンティウス二世、二人で統治することとなる。コンスタンスは兄の領土を得て支配地域を広げ、ライン川の彼岸に対しても力強い姿勢を保ち、フランク族に対して二度遠征し、ブリテン島にも渡っている。

**帝国西半での反乱**

しかし、コンスタンスはひどく不人気な皇帝だった。貪欲と非難される従者たちの一団に取り巻かれ、尊敬される人物の言葉に耳を貸さなかったと記録されている。

また、彼の同性愛の嗜好も非難の種になった。帝国統治の力となる重要人物に次第に見放されつつあったコンスタンスに対し、三五〇年一月、ついに反乱が起きた。反乱の頭は、ローマの機動軍を指揮していたマグネンティウスという人物である。反乱軍はコンスタンスをガリア内で捕らえて殺害し、マグネンティウスを皇帝とした。

マグネンティウスは、ディオクレティアヌス帝治世の終わり頃に属州ガリアの町(現フランスのアミアン)で生まれた。父親がブリテン島の出、母親はフランク族の出の可能性を伝えられており、後に皇帝となるユリアヌスは、彼を「蛮族出身で」初めて帝位に就いた者と記している。このために、マグネンティウスは、長らく歴史研究者の間で「蛮族」皇帝の登位としてその画期的意義を語られてきた。しかし、彼は、プロテクトルなどローマ軍の要職を務めて、野戦機動軍の指揮官となっており、経歴の点では三世紀後半の軍人皇帝たちと特に変わりはない。

マグネンティウスは速やかに属州ガリアを掌握し、コンスタンスの旧領全体の制圧を目指した。ローマ市では、コンスタンティヌス大帝の姉妹エウトロピアの息子であるネポティアヌス(図3－2参照)が、マグネンティウスに対する反抗を組織し、正帝と宣言されたが、マグネンティウスの送った軍の前に反抗は二八日で終わりを告げ、ネポティアヌスも母エウトロピアも殺害された。三五一年には、マグネンティウスが、コンスタンスを殺害した部隊の隊長ガイソとともにコンスルとなった。

しかし、コンスタンスが不人気であったとしても、コンスタンティヌス大帝の家系に対する反乱は、にわかには有力者たちの支持を得られなかった。そして、ここに奇妙な事態が発生する。三五〇年の三月に、旧コンスタンス帝領の東の部分であったドナウ沿岸属州に駐屯する軍団が、ウェトラニオという名の老練な将軍を正帝と宣言したのである。ウェトラニオはドナウ川河口地域のローマ属州の出で、下層の家系の生まれでありながら、長い間軍事経歴を重ねて、コンスタンス帝の統治下で歩兵司令官に昇進していた。齢はおそらく六〇歳を過ぎていたと思われる。なぜこのような皇帝擁立事件が生じたかは謎めいている。しかし、ウェトラニオの反乱と自立によって、マグネンティウスが東進してドナウ周辺地域まで掌握することが、一時妨げられることになったのは確かだろう。

### 単独支配をめぐる戦い

コンスタンスが殺害されて、大帝の息子はコンスタンティウス二世、ただ一人となった。大帝の三子はキリスト教徒として育てられたので、皆がキリスト教徒皇帝だったが、ニカイア信条を奉ずる正統派のコンスタンスに対して、コンスタンティウス二世は晩年の大帝と同様、ニカイア信条に従わないアリウス派を奉じており、兄弟仲はよくなかった。それでも、弟が殺害されて父帝から受け継いだその領土を簒奪者に奪われた今、コンスタンティウス二世としては、ペルシア戦線を離れて西に向かい、弟の旧領を奪い返して、父大帝の帝国全体を完全に掌握する以外にとるべき選択肢はなかった。ただ、西に向かうには時間がかかる。そんなときに起きたのが、このウェトラニオの決起である。時間が必要なコンスタンティウス二世にとって、マグネンティウス軍の東進を妨げてくれるウェトラニオは、たいへん有り難かったに違いない。後にユリアヌス帝が書いた作品などから、このウェトラニオの決起がコンスタンティウス二世の妹コンスタンティナの示唆や刺激によるとか、皇帝自身がウェトラニオに帝権の共有を約束したといった、検証は難しいが可能性の高い裏事情を垣間見ることができる。

実際、三五〇年の年末にバルカン半島まで戻ったコンスタンティウス二世を、ウェトラニオはセルディカ(現ブルガリアのソフィア)で出迎え、一二月二五日にはナイッスス(現セルビアのニシュ)で皇帝軍とウェトラニオの軍が統合された(図3-4)。ウェトラニオは廃位されて黒海沿岸のビテュニアの町プルサに追放されたが、簒奪者の処分というよりも引退といったほうがよい措置で、プルサでウェトラニオは特に生活に不自由することなく、静穏のうちに五年後の三五六年頃に世を去った。彼は、当時の政治的な経過において全く簒奪者の

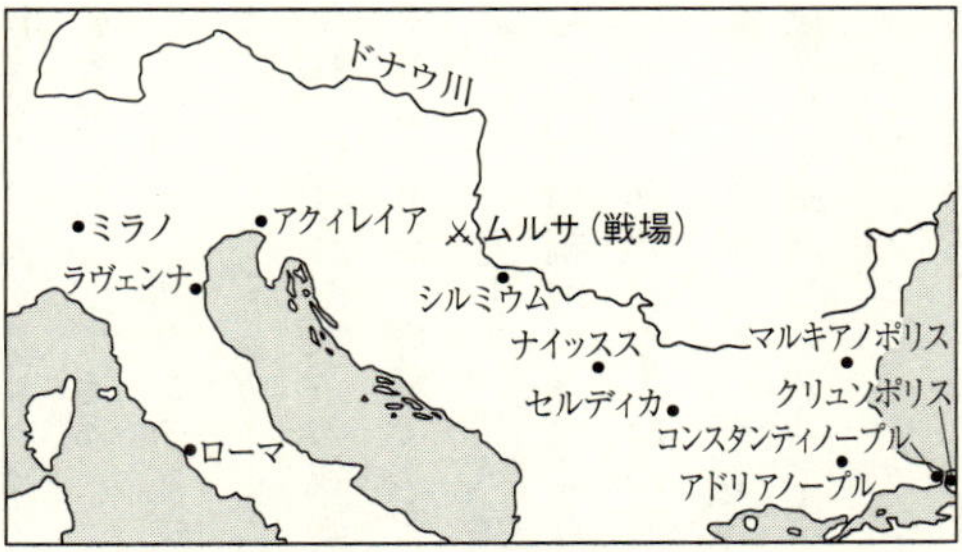

図3-4　350年頃のドナウ川流域

印象を与えていない。そのことからも、ウェトラニオの反乱はコンスタンティウス二世側の策動と見ることができる。

さて、コンスタンティウス二世の軍は三五一年春には帝国中央部の拠点都市シルミウム（現セルビアのスレムスカ・ミトロヴィツァ）まで進んできた。その地で皇帝は、ただ二人だけ虐殺を免れて残された大帝の親族、彼には従弟にあたる者たちのうち、年長のガルスを副帝に任じた。それればかりか、虐殺で夫を失い、未亡人として生きてきた妹コンスタンティナをこのガルスに嫁がせた。そして、二人を、自分が後にしてきたアンティオキアへと向かわせ、自分の代理として東方の統治をさせるとともに、ペルシア戦線に備えることを指示した。東方領に皇帝権力の存在が必要と考えたのである。

マグネンティウスのほうも親族のデケンティウスを副帝とし、ガリア統治のために置くと、東進して属州パンノニアに向かった。そして、コンスタンティウス二世、マグネンティウス両軍は、属州パンノニアのムルサ（現クロアチアのオシエク）の地でぶつかった。三五一年九月二八日のことである。これはまさに激突であった。マグネンティウス軍は全体の三分の二の兵士を失って敗れ、勝利したコンスタンティウス二世の側も兵員の半分近くを失った。これはローマ帝国の軍事力にとって、莫大な損失であった。ムルサから逃れたマグネンティウスはイタリアに戻り、コンスタンティウス二世も慌てることなく、三五二年夏までシルミウムにとどまった。

秋になると、コンスタンティウス二世はイタリアを制圧してマグネンティウスを追った。その後数度の戦いの後、敗れたマグネンティウスは、三五三年八月にガリアのルグドゥヌム（現フランスのリヨン）で副帝デケンティウスとともに自殺し、反乱は終息した。

大勢いたはずの大帝の帝国を継承できる人々は、ついにコンスタンティウス二世だけとなった。この後、皇帝は南フランスのアルルで即位三〇年祭をおこなっている。副帝に就いた年から数えるので、すでに三〇年が経過していたのである。

## 残党狩り

単独皇帝となったコンスタンティウス二世は、北イタリアのメディオラヌム（現ミラノ）を宮廷所在地として、統治に当たった。彼がおこなった最初の施策は、帝国西半地域でマグネンティウスに味方した人々を捜し出し、処罰することであった。

アンミアヌス・マルケリヌス著『歴史』全三一巻は、九六年の五賢帝時代の始まりから三七八年まで、二八〇年間の歴史を扱うラテン語の歴史書で、四世紀に関する最も重要な史料である。しかし、はじめの部分の多くが失われており、現存するのは第一四巻から第三一巻までである。年代でいえば、三五三年から三七八年に相当し、まさにコンスタンティウス二世の単独統治が始まる時期から後が残っているわけである。アンミアヌスは三二五年、ないし三三〇年頃の生まれと考えられるので、今日残存する記述は史家の同時代史となる。そのアンミアヌスはコンスタンティウス二世を、病的といってよいほど疑り深い人物として描き、宮廷史にそそのかされてマグネンティウスの支持者を捜し出し迫害しようとした、という。

その手先となったのがパウルスという名の官僚（書記官）で、帝国西半を広く管轄下に置き、マグネンティウスに忠誠を誓った者を排除するべく、魔女狩りのごとき迫害を実行した。無辜の人物をも罠にかけて陥れ、鎖に繋いで法廷に送る彼の所業のために、「カテナ（鎖）のパウルス」と渾名された。ブリテン島の属州を監督する管区長官のマルティヌスは、自身はマグネンティウスと関係がなかったものの、無実の人を迫害するパウルスの蛮行に激高し、事態を収拾しようとしたが、逆に告発された。そして、パウルスを殺害しようとして失敗し、結局自殺に追いやられてしまった。

コンスタンティウス二世の疑り深い性格は、帝国統治全般に及んだ。コンスタンティヌス大帝の治世に置かれたアゲンテス・イン・レブスという国家警察官吏があったが、コンスタンティウス二世はこれを大きく用いている。この官僚は、密使・伝令として用いられたり、公共輸送（伝令や物資運搬）の監督や治安の確保に当たるように命じられたりしたが、武力を用い職権を乱用したことで有名である。コンスタンティウス二世は、この官僚を最高行政官である道長官や民政・軍政の高官たちのもとに副官として派遣し、帝国各地における統治の活動を監視させ、情報を集めさせたのである。

コンスタンティウス二世の厳格な態度は、宗教面でよりはっきりと現れた。皇帝は、キリスト教の定着をはかって、異教の神殿の閉鎖と神々への供儀行為を禁止した。

**キリスト教の強制**

「異教」とは、一神教である宗教、特にキリスト教の立場から他の宗教を指す言葉で、ここでは特にギリシア・ローマ社会に伝統的に受け継がれてきた多神教の神々を信仰する宗教のことである。異教信仰では、人間味あふれる神々の登場する神話を持つ一方で、人が神々と交信するために、羊、豚、牛などの動物を生け贄《いにえ》に捧げて、その血を祭壇に注ぎ肉を焼く供儀行為が儀式として重要視されていた。また、ローマ帝国社会にあっては、古来の神々の神殿は単なる宗教施設ではなかった。長らく民衆の生活に密着した文化や娯楽、商いの場でもあった。

しかし、コンスタンティウス二世は神殿を閉鎖させ、供儀と偶像崇拝をおこなった者は処刑しその財産を没収すると命じたのである。彼は、ローマに伝統的な占いや占星術も禁止している。キリスト教徒皇帝として厳格に対応しようとした彼の施策は、帝国全土にわたって徹底されたわけではないものの、キリスト教徒ではない住民にとって、ローマ社会は急速に窮屈な社会になった。実際、シリアと小アジアでは、神殿が破壊され略奪が起こり、怒った異教の信者がキリスト教司教を襲う事件を招いた。異教ばかりではない。キリスト教のアリウス派を支持した皇帝はほかの信条を認めず、ニカイア信条から進んで、正統主義の三位一体説を確立することになる、かのアタナシウスを、幾度も追放刑に処した。このようにして、ローマ社会は精神面での寛大さを次第に失うようになっていったのである。

## 副帝ガルスの処刑

単独皇帝となってしばらくすると、コンスタンティウス二世は東方を気にしはじめる。東方諸属州には副帝ガルスを派遣しており、妹コンスタンティナも妻としてガルスに同伴していた。だが、東方から届く報告は、皇帝を苛立たせるものばかりだった。皇帝は従弟のガルスの統治能力に期待していたわけではない。ガルスは弟ユリアヌスとともに、父親らの殺害後ずっと政治・軍事から切り離されて育てられたので、統治や軍隊指揮などを学ぶ機会は持ち合わせなかったからである。皇帝がガルスに期待したのは、皇帝の従弟として、帝権のシンボルとして駐在することだった。具体的な統治は皇帝が送り込んだ部下がおこない、ガルスはただおとなしく皇帝の部下の指示に従って行動し、皇帝権力の存在を印象づけてくれればよかったのである。

ところが、ガルスもその妻であるコンスタンティナも、皇帝が期待しているようには振る舞っていないことが伝えられてくる。ガルスと皇帝の送った部下との対立は激しくなり、副帝夫妻の残虐行為も伝えられてきた。このため、皇帝はガルスを北イタリアに呼ぶべく、三五四年に新しい道長官を送った。道長官とは、いくつもの地域を包括的に統治する最高位の文官である。ところが、その道長官ドミティアヌスが、ガルスに忠誠を誓う軍隊によって殺害されてしまう。こうなっては、皇帝は是が非でもガルスを召還せねばならないと考えた。ガルスの側では、妻コンスタンティナが皇帝に対する重要な防波堤になってくれることを期待していたが、まもなく病死してガルスは支えを失った。ついにガルスはコンスタンティノープルを経てイタリアに向かうが、三五四年の一〇月、イタリアに近づいたあたりで逮捕される。そして、ノリクム属州の町ポエトヴィオ（現スロヴェニアのプトゥイ）で副帝位を廃位され、イタリアの町、ポーラ（現クロアチアのプーラ）へ護送されて、かつてコンスタンティヌス大帝が長子クリスプスを処刑したのと同じところで、皇帝の部下を殺した罪で処刑された。二九歳であった。

### ガリアでの反乱

ガルスを召還したため、皇帝は東方のことがますます気になった。しかし、帝国の西半地域から直ちに離れるわけにはゆかなかった。三五五年八月一一日、ガリアの重要都市コロニア・アグリッピネンシス（現ドイツのケルン）で、シルウァヌスという将軍が皇帝に対する反乱を起こしたのである。シルウァヌスは、ローマ軍の軍人である父ボニトゥスと「蛮族出」の母から生まれた。ボニトゥスは、コンスタンティヌス大帝がリキニウスと戦った際に活躍した、フランク族出身のローマ軍司令官であった。マグネンティウスに続く「蛮族出」軍人の皇帝位即位として同時代より強調されてきたが、シルウァヌスも軍の要職を務めて、歩兵司令官に昇進していたローマ軍のエリートであった。

ミラノの宮廷ではすぐに対応が協議され、将軍ウルシキヌスが派遣されることになった。彼は、これまで幾度も名をあげた歴史家アンミアヌスの軍勤務中の上司である。しかし、反乱発生の二八日後にシルウァヌスが殺害され、結局内戦とはならなかった。

大事には至らなかったものの、東に向かわねばならないと決めていたコンスタンティウス二世にとって、ガリアの状況は気がかりであった。しっかりした将軍や行政者に統治させることが必要であったが、それだけでなく、皇帝権力の所在を印象づけることを考えねばならなかった。しかし、副帝に取り立てていたガルスをその前年に処刑したばかりであり、コンスタンティウス二世にとって残された親族男子は一人しかいなかった。ユリアヌスである。

**成し遂げられたこと**

コンスタンティヌス大帝が整えた帝国統治の仕組みは、コンスタンティウス二世の下でいっそう精緻なものとなった。特筆されるのは、大帝によってコンスタンティノープルに開設された元老院が、三四〇年のプラエトル(法務官)職設置以降、コンスタンティウス二世の治下で本格的な発展を遂げたことである。元老院議員の数が大幅に増やされた。また、帝国東半地域に住む元老院議員で、それまでローマ市の元老院に所属していた者は、コンスタンティノープルの元老院に属するようになった。元老院所属に居住地の地理的基準が持ち込まれたことになる。また、規定が整備されて、元老院の成員権は金銭では買えない、皇帝の力と恩顧に頼らねばならないものとなった。こうして、新しい元老院議員層を統制下に置き、官僚と宦官を駆使する強い皇帝権力がコンスタンティノープルに形成されたのである。

コンスタンティウス二世は、戦争や巡幸が多かったために、コンスタンティノープルに長く滞在することはなかった。移動の多い皇帝の政府は、官僚や宦官によって動かされ、皇帝近臣に一部の元老院議員を加えた、皇帝の御前で開かれる皇帝顧問会議（コンシストリウム）で重要事項は決定された。コンスタンティウス二世は強い権力者であったが、実際はこうした臣下の力に頼っていたといえる。その結果、後に幼少皇帝が即位するようになると、官僚や宦官が一部の有力元老院議員と結託して帝国を動かすようになる。後期ローマ帝国は皇帝独裁の専制君主政国家といわれるが、実際は皇帝側近の独裁であった。

コンスタンティウス二世は、まことに気の毒な皇帝である。父親の大帝はキリスト教を公認し援助した偉大な皇帝として後世高く評価されるのに対し、息子の彼は、晩年の父親と同じアリウス派の信条を守り正統派のアタナシウスを追放したため、後世厳しく非難された。皇帝のイメージも、この時代の第一の史料であるアンミアヌスの『歴史』が彼を残虐で疑り深い皇帝として描いたために、すこぶる暗くて恐ろしげである。

アンミアヌスは、三五七年に皇帝が初めてローマ市を訪れた時の様子を詳細に描き出している。コンスタンティウス二世はローマ市に入市するに当たって、戦地を行くかのごとく武装兵を誇示し、軍旗に先導させ、自身は黄金の馬車に座っていた。周囲から歓呼の声をかけられてもラッパの大きな音にも怖けず、動じない姿勢を示した。アンミアヌスはその表情を次のように書いている。「皇帝はあたかも首を輪で絞められているかのように視線を正面に向けたまま、泥人形の如く右にも左にも顔を向けなかった。車ががたがたと揺れても、顔をゆすったり、唾を吐いたり、口や鼻を拭いたりこすったり、手を動かしたり、そういった仕草は一切見せなかった。彼はこのような姿を故意に気取っていたが、しかし、このような衒いは、他にもいくつか、もっと私的な生活の中にも見られ、それは彼一人だけに許されたかと思われるほどに非凡な、彼の忍耐力の証拠であった」（國原吉之助訳）。

しかし、皇帝像や時代像が暗いことは、コンスタンティウス二世の時代のローマ国家が衰退しつつあったことを必ずしも意味しない。コンスタンティウス二世は、次々と生じる国内の反乱やトラブルを何とか凌いで統一国家を維持するとともに、対外的にも威信を保持した。マグネンティウスとの戦いを終えて帝国西半に滞在中、コンスタンティウス二世はライン川上流地域やドナウ沿岸地域に隣接して居住するアラマンニ族などを攻めたり条約を結んだりしつつ、ローマの優位の確保に努めた。三五四年春の遠征では、アラマンニ族の王、グンドマドゥスとヴァドマリウスの兄弟との間で条約を結んでいる。皇帝の作戦は威嚇を目的とするものであったが、「ムチ」だけでなく、同時に帝国外の諸部族に金銭や物資の援助を与える「アメ」の方途も用いた。こうした措置は父大帝の政策の継続であり、フロンティアをローマの手で管理すションは確保されていた。ローマ帝国領とその外側との関係は曖昧であったが、フロンティアの動静がそれ以前と大きく変わることがなければ、ローマは安泰であり、皇帝は軍事行動を真の「他者」たる東のササン朝に向けることができたのである。

ただし、父大帝が在地の有力者と妥協したガリアの地は、息子コンスタンティウス二世にとっても、マグネンティウス支持者を排除するのが精一杯で、権力の充分な支持基盤として組織することはできなかった。むしろ、マグネンティウスの残党狩りの過程で在地の人々の恨みを買ったとも思われる。しかし、皇帝として、ガリアを守り、ガリアの力を皇帝権力に結びつける必要を感じていたコンスタンティウス二世は、東に向かうに際して、この地に自らの信認する人々を民政・軍政の両面で配置した。さらに、皇帝権力の存在を明示するために、唯一残された親族の男子、ユリアヌスを送り込むことにした。

皇帝は、ユリアヌスに何ら期待するところはなかった。政治・軍事から切り離されて育ち、文学と哲学を友とする青年ユリアヌスに、ガリアの統治が充分にできるとは誰にも思えなかったからである。ところが奇跡が起こる。ユリアヌスはガリアを変え、皇帝の力にしたのである。しかし、その皇帝とは、もはやコンスタンティウス二世ではなかった。

# 第四章　ガリアで生まれた皇帝
## ―「背教者」ユリアヌスの挑戦―

「背教者」とは、キリスト教信仰を捨てて「異教」に改宗したり無宗教になったりした者のことをいう。この章で扱うユリアヌスは（図４－１）、コンスタンティウス二世を継いでローマ皇帝となり、興隆しつつあるキリスト教を抑えて、伝統的なギリシア・ローマ風宗教（異教）を復活しようと試みたため、後にキリスト教会から「背教者」と呼ばれることになった。その数奇な生涯と精神の彷徨は、幾度も小説などに取り上げられるほど有名である。一方、彼の皇帝としての事績については、治世の長さが、先帝コンスタンティウス二世の死の時点から数えてわずか一年八ヶ月弱であるため、重視されてこなかった。しかし、ユリアヌスは、皇帝となる前に二四歳で副帝としてガリアに赴任し、五年以上を過ごした。その間、かつての文学青年、哲学青年だったこの人物は、誰も予想し

図4-1　ユリアヌス像（パリ市　ルーブル美術館）

なかったようなめざましい活動をおこなった。このことが、ローマ帝国のその後の動向に少なからざる意義を持っている、と私は見ている。

### 幼少年期のユリアヌス

ユリアヌスは、三三一年、コンスタンティヌス大帝の異母弟ユリウス・コンスタンティウスの子として生まれた（図3−2参照）。母は小アジアの貴族の娘バシリナであったが、ユリアヌスがまだ幼児の頃に他界し、父も先述した軍隊の暴動で殺された。異母兄のガルスとただ二人だけ残され、ユリアヌスは孤児として生きることとなる。

ユリアヌスは、幼少年時代を、ガルスと離されて、母方の祖母から贈られたビテュニアの所領で過ごした。ビテュニアとは小アジアの北西部で、現在のトルコ共和国の黒海に面した地方である（図4−2）。ここで、ユリアヌスは母の教師であった宦官のマルドニオスに習ったが、彼を通じてホメロスやヘシオドスなどの古代ギリシアの文学作品に親しみ、心の支えとするようになった。マルドニオスは、「スキュティア人」と記録され、ゴート族の出であることがわかる。何らかの事情で帝国に連れてこられたのだが、当時のローマ帝国とゴート族との関係を教えてくれる。

一方、史家アンミアヌスは、ユリアヌスがビテュニアの都市ニコメディア（現トルコのイズミト）で、司教のエウセビオスの教育を受けたと書いている。この司教エウセビオスとは、すでに触れたコンスタンティヌス大帝晩年に大きな影響力を持った人物である。彼は大帝の後継者コンスタンティウス二世に対しても、アリウス派支持の姿勢をとらせた。しかし、ユリアヌス自身は、このエウセビオスから教育を受けたことについて、あたかも思い出したくないことであるかのように、その数多い著述においてもまったく言及していない。

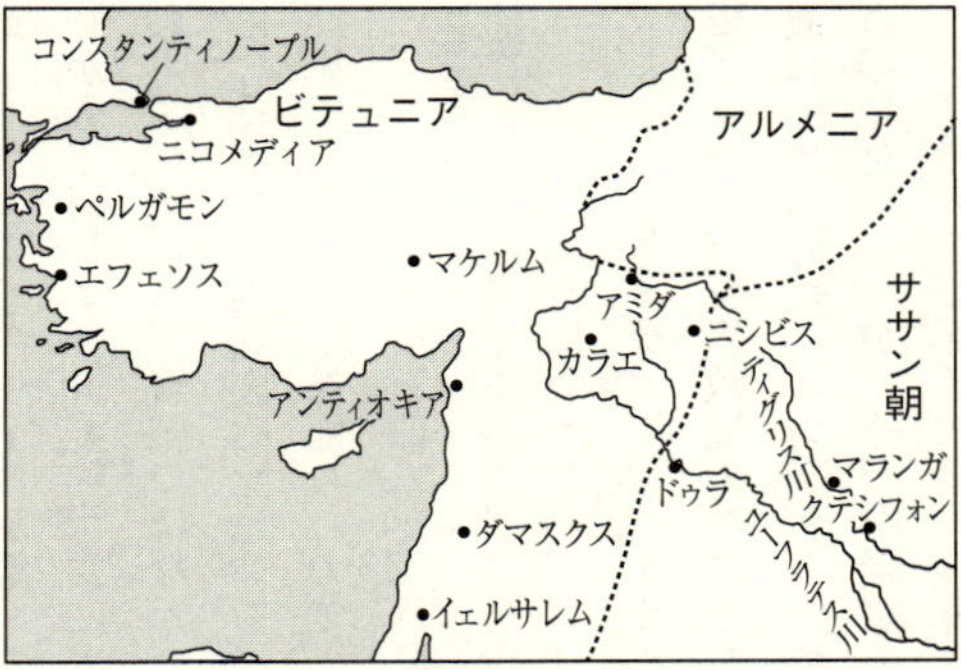

図 4-2　帝国東部地図(4 世紀頃)

エウセビオスはその後コンスタンティノープルの司教になったので、ユリアヌスもコンスタンティノープルに移されたと思われる。ところが、三四二年、一〇歳を過ぎて間もない頃、ユリアヌスはコンスタンティノープルから遠く離れた小アジア東部、カッパドキアにあるマケルムの宮殿に移された。ガルスもこの時に移され、兄弟で六年間をこの地で過ごすことになる。なぜ皇帝コンスタンティウス二世がこの時点でこのような措置をしたかは明らかではないが、司教エウセビオスの死去と関わりがあるとみる学者もいる。監督係がいなくなったので、皇帝を憎んでいるかもしれない兄弟を遠方に隔離することにした、というわけである。

後年ユリアヌスが綴ったところに従えば、宮殿とはいえ、マケルムでの生活は隔離、監禁に等しい惨めな暮らしで、ひどく辛いものであったという。しかも、同じように監禁状態に置かれているガルスとは、同様の辛い経験をしてきたにもかかわらず、それほど親密ではなかった。この間、三四七年頃、孤独な兄弟を訪ねた重要人物がいる。それは、他ならぬ皇帝コンスタンティウス二世であった。少年ユリアヌスはこの時初めて、従兄である皇帝と対面したのである。

### 隔離から逃れて

翌年の三四八年、ユリアヌスが隔離と呼んだマケルムでの生活は突然打ち切られ、両名はコンスタンティノープルへと戻された。そして、兄ガルスは宮廷で生活するようになったが、ユリアヌスは比較的自由に動くことができ、コンスタンティノープルからニコメディア、ペルガモン、エフェソスなどを訪れている。コンスタンティノープルでは文法などを異教徒のニコクレスから学び、哲学者テミスティオスのプラトンについての講義にも出席した。ニコメディアで開かれていた名高い修辞学者リバニオスの講義には出席を認められなかったが、その講義録を取り寄せて勉強し、リバニオスを師と考えるようになった。ペルガモンでは新プラトン主義哲学を学んだ。ユリアヌスは、幼いときから心のよりどころとしてきた古代ギリシアの文芸に加えて、哲学に深く親しみ、次第に彼の心はキリスト教信仰から離れるようになった。

ユリアヌスが学問に喜びを見いだしている間に、時代は猛烈な勢いで動いた。前章で見たように、三五〇年、帝国西半を治めていたコンスタンスがマグネンティウスの反乱で殺害され、三年後にそのマグネンティウスをコンスタンティウス二世が滅ぼして、単独統治者となった。コンスタンティウス二世は内乱中の三五一年に、帝国東部を統治させるべくガルスを副帝としたが、そのガルスも、内乱終結後の三五四年に、東方での所業をとがめられて処刑される。その影響はユリアヌスにも及んだ。ガルス死後、宮廷所在地のミラノに召喚されたのである。

### 皇后エウセビアの助け

ミラノに赴いたユリアヌスは、しばらくの間、完全な監視下に置かれた。ユリアヌスにとって明らかに危機と思われるこの状況を変えたのは、皇帝の后エウセビアの助けである。ギリシアのテッサロニケ出身の美貌の后は、コンスタンティウス二世の二度目の妻であったが、両者の間に子はなかった。エウセビアは、ユリアヌスに好きな勉強をさせるべくアテネに送ることを提案し、皇帝の疑いをそらせたようである。おかげで、ユリアヌスはアテネで学べるようになり、その地で新プラトン主義哲学に親しんだという。さらには、太古以来の神秘的な礼拝の儀式がなされているエレウシスで、その秘儀に与った。

皇后エウセビアがユリアヌスのピンチを救ったのは確かである。このことは、その後彼女に捧げられたユリアヌスの感謝の頌詩や書簡から判明する。エウセビアがユリアヌスに好意を持ち、夫である皇帝に残された、たった一人の男性親族を庇護しようとする気持ちがあったのはまず間違いなかろう。辻邦生氏の小説『背教者ユリアヌス』は、この点をうまくアレンジして、

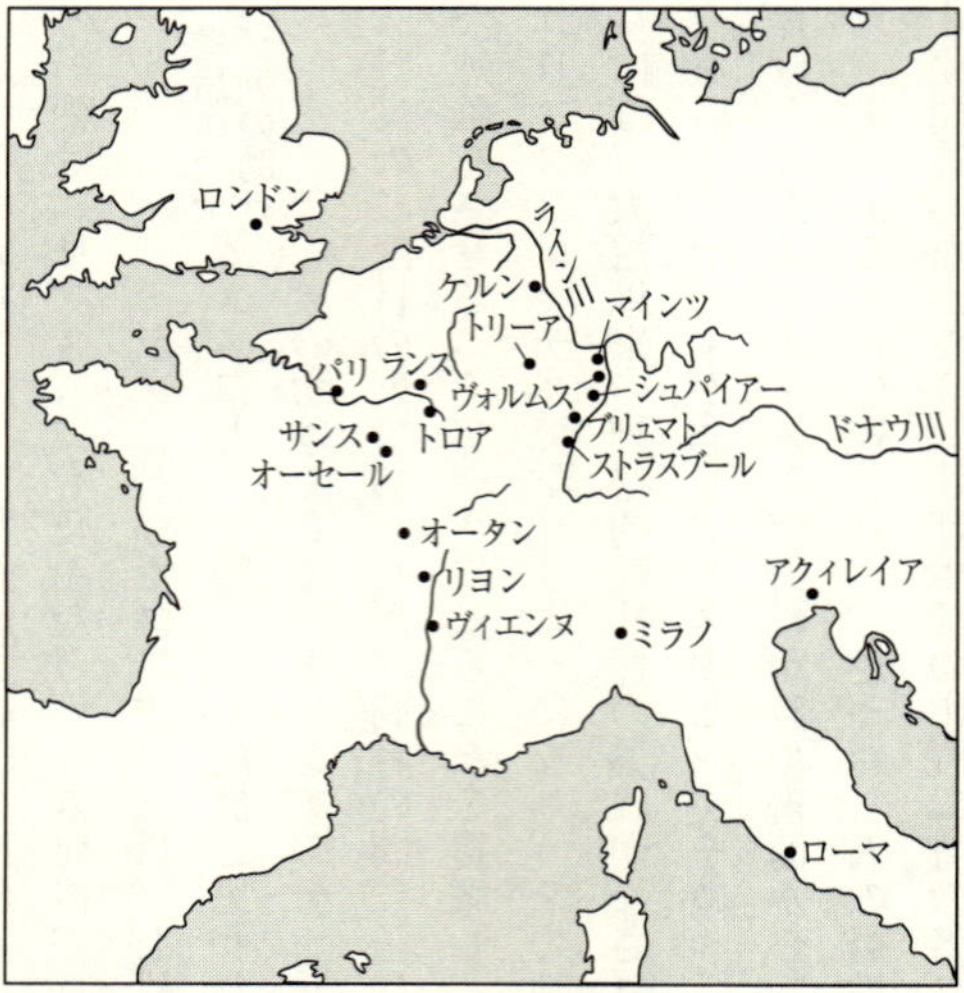

図 4-3　ユリアヌス副帝時代のガリア

エウセビアがユリアヌスに激しい恋心を抱いていたと設定し、両者の間の恋愛関係を小説の重要な回転軸にまで仕上げている。

**ユリアヌス、副帝となる**

さて、危機から一転してアテネ遊学の身となったユリアヌスに、勉強の時間はそう長くは与えられなかった。ササン朝ペルシアに対抗するために東へ向かうつもりのコンスタンティウス二世は、三五五年八月のシルウァヌスの反乱を経験して、帝国の西半を統治する皇帝の代理の必要を痛感した。そのために、ユリアヌスをギリシアから呼び寄せ、一一月六日に副帝としたのである。ユリアヌスは単に副帝とされただけでなく、皇帝の妹ヘレナと結婚させられた。ユリアヌスは二四歳で、ヘレナはおそらくユリアヌスより年長である。ガルスが副帝とされたときに、皇帝の妹コンスタンティナと結婚させられたのと同じであった。皇帝と義兄弟の絆を結ぶというよりも、監視役として妻をあてがわれたといったほうが正確かもしれない。

副帝となったユリアヌスは、一二月に入ってすぐにガリアへと向かった(図4－3)。これまで文学と哲学に親しみ、政治・軍事から切り離されてきた若い皇族が、頻繁に外部からの攻撃を受けている辺境属州へと送り出されたのである。

**当時のガリアの状況**

ガリアには、シルウァヌスの反乱鎮圧に派遣された将軍ウルシキヌスが、反乱の鎮圧後もとどまっていた。三五六年春にその後任としてマルケルスが来てからも、ウルシキヌスはガリアにとどまり続ける。ユリアヌスは南部から少数の兵を率いて、機動軍を率いる二人の将軍にランスで合流するよう指示された。リヨンの南、ヴィエンヌの町から北上したユリアヌスは、当時のこの地の状況を、後に書いた『アテナイの人々への手紙』の中で以下のように述べている。

「コンスタンティウス(二世)は私に、三六〇名の兵を与えて、冬の半ばにケルト人たちの土地(ガリア)へと出立させた。その地はその頃、ひどく乱れた状態にあった。そして、私は軍の指揮官として派遣されたのではなく、ガリアに駐屯する将軍たちの部下として送られたのである。というのも、彼らには書簡が送られており、敵と同じくらい私を見張るよう命じられていた。私が反乱を起こしたりするのではないかと恐れていたからである」。

史家アンミアヌスも、ユリアヌスの副帝任命前、コンスタンティウス二世はガリアがひどい状態にあるとの報告を受けていたと記している。これらの史料に従えば、当時のガリアが「蛮族」のために荒廃しているとともに、そこに派遣されたユリアヌスは、満足な兵も与えられず、皇帝の部下に監視されており、副帝の統治権や軍指揮権はないも同然だったと推定される。

さらに、同時代の哲学者エウナピオスが書き残した『哲学者およびソフィスト列伝』が、ユリアヌスに対する皇帝コンスタンティウス二世の悪意を明示する。ユリアヌスのガリアへの派遣は、皇帝の周辺が企てた陰謀であったと書いているのである。

「ユリアヌスは副帝としてガリアに派遣された。これは、かの地の人々を統治することだけが目的なのではなく、ユリアヌスが皇帝の職務を果たしている間に非業の最期を遂げる、というのが狙いだった。だが、すべての予想を覆して、彼は神々の摂理により生還を果たした。つまり、彼は、自分が神々に献身的に仕えていることは誰にも隠していたが、しかし、献身的な奉仕をしていたからこそ、誰にも打ち勝ったのである」(戸塚七郎訳、一部改変)。

### ガリアでの最初の試練

三五六年の年頭、ユリアヌスは皇帝コンスタンティウス二世とともにコンスルに就任した。皇帝が実際にユリアヌスを片腕として期待していたのではなく、コンスルに任じて権威を付けさせ、ガリア統治の助けとしようとしたのだろう。

ユリアヌスは、冬営していたヴィエンヌから北へ進んで、ブルゴーニュ地方のオータンが

「蛮族」に攻撃されていたのを撃退し、さらにオーセール、トロアと進んで、ランスで長官マルケルスらの軍と合流した。この年になされた一連の軍事作戦では、主導者はコンスタンティウス二世の二人の将軍であった。先に見たように、ユリアヌス自身は当初ごく少数の兵隊しか保持していなかったことを強調しているが、副帝位にはあったものの、軍事経験がまったくない彼に最初から大軍の指揮ができるわけもなく、皇帝の将軍たちが取り仕切ったのは当然だった。

その年から翌三五七年にかけての冬に、ユリアヌスはオーセールの北のサンスの町で、アラマンニ族の軍に攻囲され、孤立無援の状態に陥った。三〇日間攻囲されたが、ユリアヌスの軍は何とか自力でこれを乗り切る。この事態にあたって、ガリア軍の指揮者である騎兵長官マルケルスは副帝ユリアヌスを救助しなかった。その理由は様々に解釈されてきたが、マルケルスが救援に来なかったのは皇帝のユリアヌスに対する悪意に発するものだと歴史研究者に解されることがある。しかし、コンスタンティウス二世はその後マルケルスを更迭し、代わりに経験豊かな将軍セウェルスを着任させている。この時点では、皇帝はユリアヌスの活動を支援しようとしていると解釈してよかろう。史家アンミアヌスは、マルケルスが召還された際に皇帝に対して自分を中傷せぬよう、ユリアヌスは自分の帝室役人の長をミラノの宮廷に送ったと述べている。こうした記事と、後にコンスタンティウス二世と対立した頃にユリアヌスが書いた書簡、さらには先に見た哲学者エウナピオスの記述などを組み合わせて、歴史研究者はガリア赴任当初からのコンスタンティウス二世のユリアヌスに対する疑いと悪意を想定してきたと思われるが、史実に照らせば、そうした解釈こそコンスタンティウス二世に対する悪意があるのではないか。

## ケルンの回復以後

ところで、ユリアヌスのガリア赴任前後に、ライン河畔の重要都市ケルンがフランク族の一派に占領される事件が起きた。この事件は、アンミアヌスがその史書の第一五巻で「ゲルマニア・セクンダの有名な町、コロニア・アグリッピナが、蛮族の大軍によって攻撃され、長い攻囲の後に攻略され、破壊されたとの知らせが届いた」と記しており、考古学的にも確認されている。考古学研究の成果も合わせて判断すると、この出来事は三五五年の一一月頃に生じたと考えられる。ユリアヌスは、後に書いた手紙の中で、ケルンの町を陥落の一〇ヶ月後に回復したと述べている。アンミアヌスも第一六巻で、ユリアヌスがケルンの町を回復しフランク族の王たちと講和条約を結んだと記しているので、三五六年のうちにケルン回復はなされたことになる。アンミアヌスはユリアヌスが回復の担い手のように書いているが、これもミラノのコンスタンティウス二世の指示を受けた将軍たちが実質的におこなった作戦であったと考えられる。

ユリアヌスはその他、三五六年のうちに、ライン川沿いのブロトマグス(現フランスのブリュマト)、ノウィオマグス(現ドイツのシュパイアー)、ボルベトマグス(現ドイツのヴォルムス)などの町や要塞を確保する作戦に関わったと見られる(図4－3参照)。彼は、軍事行動では主導的立場にはなかったものの、フランク族とアラマンニ族という二つの敵対勢力との戦闘を経験して、ライン川を越えて勢力を拡大している敵を駆逐することを責務と考えるようになったと思われる。そして、北イタリアに陣取っているコンスタンティウス二世の指揮の下でなされたこれらの「敵」に対する対応は、大きな障害や困難なく成功したところを見ると、この当時のガリアとライン沿岸地域はそれほど荒廃しておらず、容易に安定化したといってよい。ケルンの回復についても、ユリアヌス自身さほどの困苦を語っていない。従って、ユリアヌス赴任時に「蛮族」の侵入でガリアが荒廃していたというのは、ユリアヌスを英雄視する史家アンミアヌスとユリアヌス自身が作り上げた虚像の疑いがある。

ユリアヌス自身が軍司令官として前面に出てくるのは、三五七年からである。ユリアヌスは三六一年頃に記した『アテナイの人々への手紙』の中で、皇帝が三五七年の春から機動軍の指揮を委ねてくれるようになったとしている。事実、この年あたりから皇帝コンスタンティウス二世は、帝国の東方、ペルシア王シャープール二世の行動に一層悩まされるようになる。疑り深い人物と推測される皇帝も、帝国西半についてはユリアヌスや将軍たちにある程度委ねねばならないと考えただろう。そのユリアヌスのもとでは、セウェルスが騎兵長官として軍の指揮をしており、その豊かな軍事経験から若き副帝は多くを学んでいたと思われる。そして、この年、ユリアヌスは先にサンスで攻囲された時以上に、指揮官としての真価を問われることになる。

ストラスブールの戦い

皇帝政府はガリアに対するアラマンニ族の脅威を除くべく、バルバティオ率いる兵力二万五〇〇〇の軍をアウグスタ・ラウリカ(現スイスのバーゼルに近いアウクスト)から出発させた。そして、ガリア中部から東に向かったユリアヌスの軍一万三〇〇〇とともに、敵を挟み撃ちにする計画であった。しかし、バルバティオの軍は途中で攻撃を受けて退却し、ユリアヌス軍一万三〇〇〇だけが三万五〇〇〇のアラマンニ族の軍と対決することになってしまった。

戦いは、現在のフランスのドイツ国境に近いアルザス地方、ストラスブール市の郊外でなされた。このストラスブールの戦いについては、ユリアヌス自身の手になる記録があったようであるが、失われ、史家アンミアヌスの記述が最も多くの情報を与えている。兵力の点ではアラマンニ族の軍が圧倒的に優勢であり、戦闘が始まってローマの騎兵隊がアラマンニ族の左翼にあった騎兵隊を攻撃したが通じず後退し、中央のユリアヌス指揮する歩兵部隊もアラマンニ族の大軍によって前線を突破された。しかし、後退した騎兵隊が態勢を立て直して中央に回り、中央の歩兵部隊の後部も持ちこたえた。一方、アラマンニ族の右翼では、森に潜んでいた兵士が攻撃してきたが、これをローマ軍が撃破し、その後一気にローマ側が攻勢に出て、戦いの勝敗は決した。アラマンニ族軍はライン川へと押し戻され、六〇〇〇名もの死者を出した。一方、ローマ側の戦死者は兵士二四三名と将校四名だった。

勝利を収めたローマ軍の兵士たちがユリアヌスを「アウグストゥス」(正帝陛下)と歓呼した、とアンミアヌスは伝える。しかし、ユリアヌスはこれにとりあわず、兵士の考えなしの行動を叱ったとも記している。ユリアヌスは、捕らえたアラマンニ族の王の一人クノドマリウスをコンスタンティウス二世の宮廷に送り、皇帝の戦勝の祝いに供した。ある研究者は、このユリアヌスの行動が、軍隊にアウグストゥスとされたことで彼に対して疑念を抱いたかもしれないコンスタンティウス二世を宥《なだ》めるのに、効果があったであろうと指摘している。コンスタンティウス二世やその側近たちにとって、この大勝利は予想外であり、歓喜だけではなく動揺も生じたことだろう。しかし、皇帝には、ユリアヌスにある程度西方を委ねることができると判断する根拠になったとも考えられる。翌年になると、ササン朝ペルシアの使節がコンスタンティノープルに達した。皇帝は真のローマの敵に対抗する措置を急がねばならず、東へと移動し始めたのである。

**フロンティアでの攻防**

この戦いの後、ユリアヌスはさらに敵対する部族に攻勢をかけている(図４－４)。ライン川中流域のモゴンティアクム(現ドイツのマインツ)からライン川を渡ってア

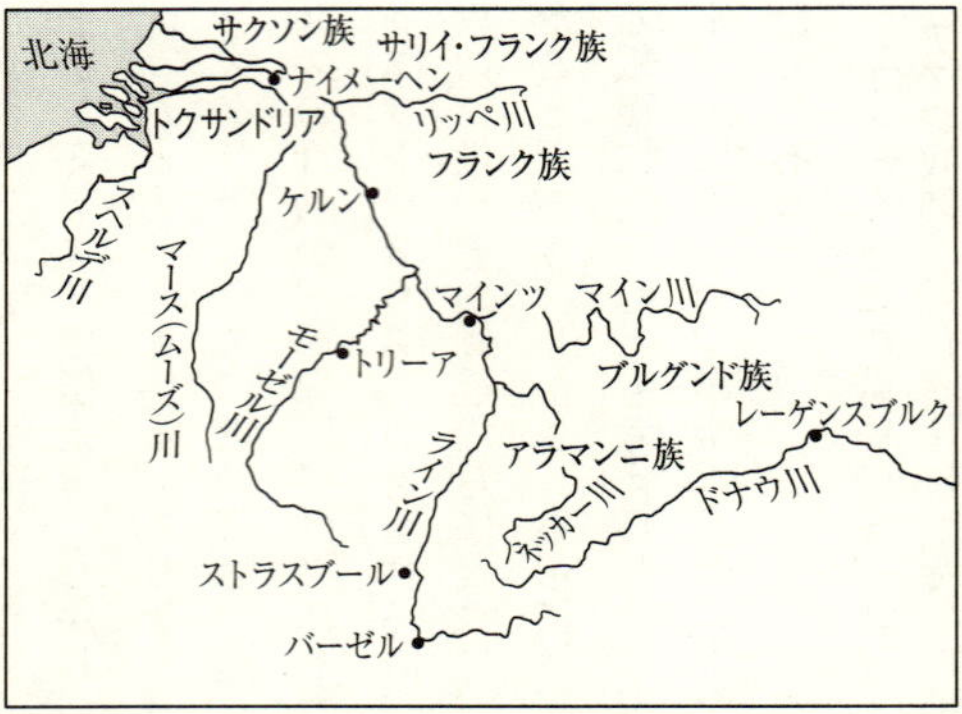


図4-4　4世紀前半のライン・フロンティア

ラマンニ族の住地に入り、村々を荒らした。次いで北進し、セウェルスをケルンに派遣してフランク族に対処させ、自らも赴いて、敵をマース(ムーズ)川沿いの二つの要塞へと押し返した。そして、五四日間攻囲して降伏させ、帝国軍の援助になるようにフランク族の者たちを皇帝のもとへ送った。こうした作戦は、ユリアヌスが現在のパリに設けた根拠地に入るまで、ずっと継続したようである。

フランク族のうち、三五七年から三五八年にかけてユリアヌスの敵となった部族としてアンミアヌスが言及しているのは、サリイ族とカマウィ族である。中でも、ユリアヌスはこのサリイ族を「トクサンドリア付近のローマ人の土地」に定住させることにした、とアンミアヌスは記している。トクサンドリアとは、マース川とスヘルデ川との間にある地域であるが、この措置は決して先例のないことではなかった。すでに三世紀の終わりに、マクシミアヌス帝やコンスタンティウス一世(大帝の父親)がフランク族をライン川とスヘルデ川の間の地に定住させたことがあったからである。

ただし、この時代、このトクサンドリアの地にはローマの守備隊はいなかった。にもかかわらず、アンミアヌスはこの地を「ローマ人の土地」と認識している。ローマ帝国に限りはなく、その境界はないというのが当時の認識だったからである。しかし、定住させられたサリイ族は半世紀ほど後にはこの地から領土を拡大してゆき、ついにはフランク王国を建てることとなる。

もうひとつ、カマウィ族は、アイセル川とライン川の間に居住し、ブリテン島からライン川へと穀物が送られてくる水路をおさえていた。ガリアの最高行政責任者である道長官のフロレンティウスはカマウィ族に金を払おうとしたが、ユリアヌスは断固反対して、軍事行動を選んだ。そして、彼らを服従させて、マース河畔に要塞を築いた。これによって、ブリテン島から穀物を載せてやって来る船は、六〇〇隻に増えた。

### 武闘派ユリアヌス?

三五八年以降も、ユリアヌスはライン沿岸で軍事行動を継続している。彼はローマと敵対する諸部族に対し、従来の皇帝たちがなしたような硬軟両様の態度を取ることをせず、もっぱら軍事行動で威圧することを選んだように見える。すでに、ストラスブールの戦い前にその方向をはっきり見せていた。ユリアヌスは軍にアルザス地方のアラマンニ族の耕作地を略奪することを許したが、この地域での耕作はコンスタンティウス二世がアラマンニ族に認めていたことであると、アラマンニ側から抗議の使節がユリアヌスのもとを訪れた。その使者をユリアヌスはスパイとして捕らえたのである。ユリアヌスはコンスタンティウス二世に捧げた『頌詩』の中で、三五五年に反乱を起こしたシルウァヌスが蛮族に金を払って安全を買い、兵士たちの不信感を招いたことを述べており、皇帝と対立するようになってから書かれた『アテナイの人々への手紙』の中では、コンスタンティウス二世自身を、「蛮族」に対して柔弱で、戦うことよりも交渉してラインの通行のために金を払うほうを好む、と批判的に記している。

ユリアヌスは、ライン川周辺地域から敵対する部族を退けることに成功するとともに、三五九年にはボンナ（現ドイツのボン）などの七つの都市を回復して、市壁を修理した。彼自身が述べている通りだとすれば、三度ライン川を越え、「蛮族」の捕虜になっていた二万人の人々を取り返し、数多くの町や砦を回復したようである。三六〇年には「最高のゲルマニア人征服者」「最高のサルマタエ人征服者」の栄誉称号に加えて、「最高のアラマンニ族征服者」「最高のフランク族征服者」の称号も得た。後でふれる、ユリアヌスの歴史像に大きな変更を提案した二〇世紀の歴史学者バワーソックは、ユリアヌスを「征服活動の信奉者」と呼んだ。一見妥協を知らないように見えるユリアヌスの軍事行動は、そのように解釈される可能性を持っている。

しかし、ユリアヌスのとった措置は、単純に好戦的なものと解すべきではない。曖昧な性格のフロンティアを従来通りローマ帝国のコントロール下に引き戻し、人々の共生をはかるとともに、ローマ領、特にガリア地方に安寧をもたらそうとするためのものであった。ユリアヌスは軍事的優位を確立すると、ガリアの民政に力を入れる。三五九年になると、ユリアヌスに軍事行動の印象は薄くなってゆく。

## 「敵」部族の実体は？

ところで、ユリアヌスが戦ったフランク族とアラマンニ族とは、どのような人々だったのか。近年の考古学調査と文献資料の分析によれば、フランク族は、現在のドイツ、ヴェーザー川とライン川の間の地方に居住した小さな集団が集まって形成された。カマウィ、カットゥアリ、ブルクテリ、アムプシウァリ、シカンブリなどの小部族が、元の構成部族の名称として知られている。しかも、形成された集団もいくつかの小集団に分かれていた。すでに見たトクサンドリアに居住するようになったサリイ・フランク、そしてのちにライン川の中下流域に居住するようになったライン・フランクなどである。

アラマンニ族も、「あらゆる人々」というその名の原意の通り、多くの小部族集団から成っていた。三世紀に、ライン川上流、ドナウ川上流、そしてローマの防壁に挟まれた三角地帯「アグリ・デクマテス」の地で、スエウィ族を中心に形成されたと見てよかろうが、このスエウィ族はタキトゥス著『ゲルマニア』に書かれた一世紀の同名の部族とは異なっていた。アラマンニ族には、共通の祖先をめぐる神話の類も存在しない。アラマンニ族という固有のエスニシティやアイデンティティは存在せず、あえて定義するなら、占拠された「アグリ・デクマテス」の地、すなわち「アラマンニア」に居住する部族がアラマンニ族といってもおかしくないほどの曖昧な集団である。ストラスブールの戦いでユリアヌスと戦った数多くの王たちはアラマンニ族の名の下に包含された小部族の指導者であった。王たちの指導するユトゥンギ族、レンティエンセス族、ブキノバンテス族などの小部族集団が、アラマンニ族連合体を形成していたのである。

要するに、フランク族、あるいはアラマンニ族という固定的な「民族」集団がローマ帝国やユリアヌスと対決したわけでは決してないのである。アラマンニ族もフランク族も、名称はゲルマン系言語に由来するところを見ると、ローマの著述者はその集団のメンバーやその周辺の者から、集団の存在と呼称を知ったに違いないが、彼らは遠方のどこからか移住してきた集団というわけではなく、土着の多数の小グループが集まって構成された雑多な集団であり、四世紀後半までの段階では、大きな括りでの集団固有のエスニシティやアイデンティティを保有するものではなかった。彼らについて、考古資料による共通の文化の区分が可能であっても、それによって集団のまとまった行動や考え方を想定できるわけではないことは注意しておかねばならない。

フランク族もアラマンニ族も統一的な勢力ではなかったのであり、ましてや「ゲルマン人」

という統一的な集団や政治勢力が存在したわけではなかった。彼らは、個別の集団ごとに行動し、状況に応じてローマとの間で協力関係を取り結ぶことにも何ら躊躇はなかったであろう。ローマ側もまた、長らくそうした人々との交流を、「境界」「国境」とみなされがちなライン川、あるいは防壁の存在とは関係なく、行き来しつつ継続してきたのであった。史家アンミアヌスは、三六一年の出来事として、アラマンニ族の王ウァドマリウスが、何の恐れも抱かずにライン川を渡ってローマ兵の駐屯地を訪れ、いつも通りに駐屯兵の長に挨拶し、その後彼の開く宴会に来ることを約束した、と書いている。

### ユリアヌスのガリア掌握

次に、ユリアヌスのガリア統治の実態を見てみよう。三世紀末にディオクレティアヌス帝は、皇帝の乱立や外部からの侵入に対処するため、イタリアの外の帝国領、すなわち属州をそれ以前の大きさからより小さなサイズに分割したが、そのために、全部で五〇あった属州は九八になった。そして、コンスタンティヌス大帝時代までにこれらの属州の総督はすべて文官になり、軍隊の指揮権は軍司令官が持つようになって、属州統治における民政と軍政が分離された。

数が増えた属州は全部で一二の管区にまとめられ、個々の管区は管区長官に統括されたが（図2－6参照）、ガリアの場合、現在のフランス南部と西部にあたる地方にある七つの属州が一管区にまとめられ（ウィエネンシス管区）、フランス中部から北部、ベルギー、そしてドイツ西部にあたる地方に所在する一〇の属州が一管区(ガリア管区)にまとめられた。さらに、この二つの管区とブリテン島を統括する管区、イベリア半島を統括する管区の四管区を合わせて「ガリア道」というより大きな行政単位が設置され、ガリア道長官がその最高責任者となった。

コンスタンティヌス大帝がディオクレティアヌスのフロンティア駐屯軍に代えて設置した機動軍は、大帝の死後の帝国分割に応じて分けられたが、やがてガリア道など「道」という帝国行政の最も大きな区分単位ごとに機動軍が設置された。機動軍の指揮は騎兵司令官や地区総司令官などの肩書きを持つ者がとった。ユリアヌスのガリア駐在時、最高行政官であるガリア道長官はフロレンティウスであり、騎兵長官は最初マルケルス、その更迭後はセウェルスであった。彼がユリアヌスの希望に反して三五九年に転任させられると、ルピキヌスが後任となった。

ユリアヌスは、民政でも記録に残る改革をおこなった。彼はまず、現在の北フランスに位置した属州第二ベルギカでの徴税を適切な水準にとどめ、次いでガリア全体にわたって調査をおこない、人頭税と土地税として課せられていた標準額を七二パーセントも削減して、税負担を軽くした。すでに四世紀前半において、キリスト教学者ラクタンティウスが、税を払う人間よりもその税で養われている人間のほうが多いと皮肉を書くほどに、政府は急増した軍隊と官僚を維持するため巨額の税収を必要とするようになっていた。そのため、税制度は苛酷なものであり、しかもその運用実態は腐敗していた。ユリアヌスは、これに大幅な修正を加えたのである。

こうした副帝ユリアヌスの独自の措置は、外部集団への対処とともに、コンスタンティウス二世の意を受けて統治の責任を負っている道長官のフロレンティウスには承伏しがたいものであっただろう。措置の内容以上に、飾りにすぎないはずの副帝が実質的なガリア統治の方針を決めていることが、フロレンティウスには耐えがたかったと思われる。

ユリアヌスの民政面での改革は、その軍事的成功に裏打ちされたものであった。

### 第三の新しいローマ人

そして、ガリアの人々に生活の安定をもたらしただけでなく、コントロールされたフロンティアから新たな活力を得ることも可能となった。領内に入った部族から得られた兵力を、ローマ軍として使用できるようにし、有能な軍人には軍内の指導的な地位すら与えた。顕著な例は、フランク族出身で後に騎兵長官、コンスルにまで取り立てられてゆくネウィッタ、アラマンニ族出身で歩兵長官となるアギロである。後の三六六年にコンスルにまで到達するダガライフスも、その名から明らかに外部部族の出であるが、ユリアヌスに部隊長に取り立てられたのが出世の始まりである。また、ガリア出身の人材を帝国政府へ登用することも進め、詩文の才能をもって活躍できる者も取り立てられている。コンスルに就任し、ユリアヌスに賞賛演説を残したマメルティヌスがその良き例である。

すでにコンスタンティヌス大帝のガリア統治に関して述べたように、四世紀のガリアでは、三世紀の動乱を生き延びた家系もあっただろうが、むしろ新しい有力者が台頭して、社会的流動性が高まっていた。こうした状況の中でなされた人材の登用は、フロンティアの統御と社会的弱者への配慮と合わせて、在地の人々を副帝ユリアヌスへの信頼と期待へと結びつけてゆくことになった。

第一章で言及したが、ローマ史研究の大家サイムは、ローマ帝政時代初期に中央政府に参加するようになったイタリアの地方都市や属州都市の出身の新興エリートたちを「新しいローマ人」と呼んだ。ローマ人の故地であるローマ市やイタリアを中心に見る価値観からすれば、成り上がりとみなされるようなこの新興勢力が皇帝政治に参画し、ローマ帝国の最盛期を実現したのだった。三世紀になると、ドナウ・バルカン地方の軍人たちがローマ帝国の統治を担うようになる。サイムに倣っていえば、彼らは「第二の新しいローマ人」ということになろう。そして、四世紀にコンスタンティヌス大帝が先鞭をつけ、ユリアヌスが登用を進めた新興の有力者は、「第三の新しいローマ人」と呼べる人々である。この新しい力を得たことは、ユリアヌスのガリア統治の大きな成果といってよく、後の政治過程に影響することとなる。

### パリでのクーデタ

こうして、ユリアヌスの下でガリアが皇帝権力と結びつきつつあった時、これを無にするような命令が東方から届いた。三五九年にコンスタンティノープルに着いたコンスタンティウス二世は、ササン朝ペルシアのシャープール二世と外交交渉をおこなっていたが、ついにシャープールが軍を動かしてローマの支配圏に侵攻し、ティグリス川の源流に近いアルメニア南西部の町、アミダ(現トルコのディヤルバクル)を包囲攻撃して、これを陥れ破壊した(図４－２参照)。この町は、コンスタンティウス二世がまだ副帝の時代に要塞を再建したところで、ローマ支配の拠点であったため、皇帝の落胆は激しかったに違いない。この苦戦を受けて、コンスタンティウス二世はユリアヌスに援軍を要請した。ガリアにいるユリアヌスの部隊の一部を割いて東方に送れという指示であった。しかし、要請された援軍の数は、そのままではユリアヌスの軍隊を無力化するほどの規模であり、ようやくフロンティアの統御を達成しガリアを力としつつあったユリアヌスにとっては、容易に従えない命令だった。

三六〇年年頭、コンスタンティウス二世は副帝ユリアヌスとともにコンスルとなり、両者の協調は表向き保たれていた。新年になって、騎兵長官ルピキヌスはユリアヌスから直属の宮廷軍補助部隊を二隊受け取り、ブリテン島北部からローマ領へ侵攻してきたスコティ(スコット)族やピクト族を押し返すために海を渡った。道長官フロレンティウスも、穀物供給の仕事のために南へ、ヴィエンヌに向かった。皇帝の援軍要請の命令がパリのユリアヌスのもとに届いたのは、ちょうど皇帝の重臣二名が不在にしていた時であった。

二月、デケンティウスなる書記官が皇帝の命令を携えてユリアヌスのもとに現れた。皇帝は、当時ブリテン島に向かった二隊とパリにあった二隊の計四つのユリアヌス直属宮廷軍補助部隊、そして他の部隊からの選りすぐりの兵士三〇〇名ずつを、東方の援軍として送るよう求めていた。これが実行されると、ユリアヌスの兵力は半分か三分の二が削られることとなる。皇帝からすれば、安定しているガリア方面から危機に陥っている東方に兵力を回すことは、戦略として正しいと判断したのであろう。そして、援軍を待たずにコンスタンティノープルを出発し、東方に向かった。しかし、不都合だったのは、東方へ移動を命じられた中に、ガリア出身者多数で構成される軍隊が含まれていたことである。ユリアヌスは兵士たちに命令を伝えた。しかし、兵士たちは、ユリアヌスを正帝と宣言し、皇帝に反抗するクーデタを起こしたのである。

## 皇帝ユリアヌスの誕生

パリで起こったこのクーデタは、ユリアヌスの生涯を語る上で、最も劇的な出来事である。だが、その真相は明らかでない。

ギボン以来、歴史家がよく語ってきた経過は、おおよそ次のようである。軍を派遣せよとの命令が届いて、ユリアヌスにはきわめて厳しい内容であったが、あえて命令に従うこととし、兵士たちに指示を与え、順次出発させた。使者デケンティウスはパリに軍を集めて出発させることを提案し、ユリアヌスもこれを受け容れた。パリに集まった兵士たちの気持ちは、東方へ出発する悲しみから次第に皇帝に対する不満と怒りに向かうようになった。ユリアヌスは、出発の前夜に、集まった軍の指揮官たちを招き宴会を開いたが、その間に部隊の中では決起を促す怪文書が回った。そして、ついに真夜中になって兵士たちが集まり、ユリアヌスを正帝と呼んで、公然と皇帝に反抗する態度に出た。彼らはユリアヌスのもとに押し寄せて、正帝となることを求め、最初拒んでいたユリアヌスを脅迫し、強要するに至った。ユリアヌスは盾に乗せられて兵士の集会の前に引き出され、やむなく皇帝となることを受諾し、コンスタンティウス二世に反抗することを約束したのである。

以上の説明では、ユリアヌスの立場は受動的で、兵士たちに無理強いされて皇帝となった、ということになる。ユリアヌス自身が後に書いた文書で、神々に誓って兵士たちの計画を知らなかったと述べていることや、この時パリにいなかったけれども信頼できる情報を持っていると評価される史家アンミアヌスなどがこうした立場で書いているため、ユリアヌスはやむをえず帝位を引き受けたという解釈が一般的になった。

しかし、一九七八年に発表されたバワーソックのユリアヌス研究書は、こうしたユリアヌスに同情的な解釈とはまったく異なる歴史像を提示した。彼はパリでのクーデタが、道長官と騎兵長官の不在をねらってユリアヌスの側近らがたてた計画的な陰謀であり、ユリアヌスも最初から関与し、兵士たちの要請に喜んで応じた、と解する。バワーソックは、それまでの親ユリアヌス史料を批判した上で、エウトロピウスの史書にある、ユリアヌスが「兵士たちの同意を得て」帝位に就いたという記述を重視する。ユリアヌスはこのクーデタで、主導的役割を果たしたというのである。

ユリアヌスがこのパリでのクーデタでどのような役割を演じたのか、正確なところは見極めがたい。しかし、ユリアヌスは、正帝の位に就くことを兵士たちの前で確認して後も、直ちにコンスタンティウス二世と戦う準備を始めてはおらず、ガリアの政情の安定化に努めているのは注目に値する。そして、書簡によって交渉し、コンスタンティウス二世に事情を説明するときにも謙虚さをにじませていた。当時ガリアで発行された貨幣には、二人の像が刻まれている。

## 「背教者」ユリアヌスの登場

だが、皇帝がユリアヌスにあくまで副帝にとどまるように求め、ガリアの事情を受け容れないとわかってからは、態度が急変する。この頃、両者の間を取り持ってくれる可能性のあった皇后エウセビアは他界しており、皇帝は三人目の妻を娶っていた。皇帝の妹であるユリアヌスの妻ヘレナも病死し、皇帝とユリアヌスの間では義兄弟の繋がりも失われていた。それどころか、かつてコンスタンティノープルで生じた軍隊の暴動で父や兄弟が殺害され、自分が孤児となったあの事件、その首謀者がコンスタンティウス二世であることを、まもなくユリアヌスは公然と表明するようになる。さらに、この年、三六〇年の一一月六日に、副帝即位以来五周年をガリア南部のヴィエンヌで祝った折、初めて皇帝らしい衣装で立ち現れるとともに、あらゆる宗教の信仰を認める寛容令を出した。異教復興を目指す「背教者」ユリアヌスが初めて姿を見せたのである。

ユリアヌスは、軍事力の点で圧倒的に不利だった。しかし、皇帝と正面から対決することを決断してから、彼の行動は俊敏であった。三六一年七月、彼は軍隊を三つに分けて、二隊は陸路東を目指し、自身は三〇〇〇人の精鋭とともに船隊でドナウ川を一気に下るという、大方の予想を超える作戦に出て、イタリアからさらに東へと猛烈な速さで進んだのである。

**ガリアの兵たちとともに**

驚くべきことに、ユリアヌスの軍隊には、多くのガリア出身の兵士たちが含まれていた。軍指揮官の一人は、先にもふれたフランク族出身のネウィッタだった。彼らは、コンスタンティウス二世帝の命令に逆らって、東に向かうことを拒否したはずの兵士たちであったが、ユリアヌスの指揮下で、その政権の樹立のために従軍したのである。

ここで想起されるのは、コンスタンティウス二世のかつてのガリアへの仕打ちである。コンスタンティウス二世は弟のコンスタンスを殺害して帝国西方を支配下に置いたマグネンティウスを打倒したが、その後、鎖のパウルスらを用いてマグネンティウスの支持者狩りを強行し、ガリアやブリテン島の人々を数多く粛清していた。その記憶はまだ新しく、人々のコンスタンティウス二世に対する怒りは、ユリアヌスを支持する充分な底力となっていたと考えられる。

ユリアヌスの三隊は、ドナウ川河畔の要衝シルミウムで合流した（図3－4参照）。さらに、バルカン半島北方のナイッスス（現セルビアのニシュ）まで来ると、ユリアヌスはローマ市の元老院やギリシアの都市アテネ、スパルタ、コリントスなどの市民と評議会にあてて、皇帝コンスタンティウス二世を非難する宣言文の書簡を送った。今日残されているアテネ市民や評議会にあてて送った書簡、『アテナイの人々への手紙』には、積年の思いが書き込まれており、皇帝コンスタンティウス二世を父や兄の仇とみなしているばかりでなく、コンスタンティヌス大帝を古来の法と慣習の破壊者としている。同時に、哲学者マクシモスにも書簡を送り、異教の祭儀をおこなう旨、告げている。ここに来て、ユリアヌスは自身の異教信仰を明らかにし、その復興の意志を公表したのである。

コンスタンティウス二世は、ペルシアへの対応を済ませて軍を西に向け、ユリアヌスとの戦いに急いだ。ところが、小アジアを移動中に南東部、キリキア地方のタルソスで急病になり、同じ地方のモプスクレネで一一月三日に死去したのである。ユリアヌスはそのまま東へと向かい、戦うことなく、一二月一一日に市民たちの歓迎の中をコンスタンティノープル市に入った。

### ユリアヌス帝の裁判人たち

こうして唯一の皇帝となったユリアヌスは、コンスタンティウス二世の葬儀を厳粛にキリスト教式でおこなった。さらに、急ぎ実施したことは、前皇帝の政府でユリアヌスに敵対的な行動をした者たちを裁判にかけることだった。このために、コンスタンティノープルとボスポラス海峡を挟んで対岸にある町、カルケドンに法廷が開かれ、宦官エウセビオスや前政権で高位の職にあった者たち、計一二名の裁判がなされた。

ユリアヌス自身はこの法廷から距離を置き、六名の裁判人に任せ、告発された者たちに対して判決を下させた。裁判の結果、エウセビオスらが死刑や追放刑に処され、特に、鎖のパウルスは、火あぶりという最も厳しい刑に処された。

注目されるのは、この法廷の裁判人である。六名のうち、四名までが軍隊の司令官であったので、この法廷はユリアヌスが政権維持のために軍の協力を得ようとしたものと解釈されることがある。コンスタンティウス二世統治下では、エウセビオスのような宦官や宮廷文官公職者が大きな力を有し、武官が抑えられていたので、勢力バランスの転換をはかったとも解釈されている。しかし、私は六名の裁判人のほとんどがユリアヌスのガリア以来の部下で構成されている点に注目したい。しかも、先に「第三の新しいローマ人」として名を挙げたフランク族出の武官ネウィッタやアラマンニ族出の武官アギロ、そしてガリア出身の文人官僚マメルティヌスが裁判人となっている。また、他の裁判人も、ユリアヌスの信頼厚いサルティウスやヨウィウスで、ガリア以来の部下である。前皇帝の部下で裁判人となったのは、武官一人だけであった。

## 宮廷改革と「宗教的寛容」

ユリアヌスは、ガリア時代と同様に財務や税制に対する改革を試みて、住民の負担を減らそうと考えた。まずはコンスタンティノープルの宮廷から、経費の節減を実施しなければならないと決意した。というのも、コンスタンティウス二世治下のコンスタンティノープル宮廷には、実に多くの官僚、使用人、そして宦官らがいたからである。修辞学者リバニオスは、宮廷に一〇〇〇人の料理人、一〇〇〇人の理髪師がいると記している。ユリアヌスがコンスタンティノープルに到着してまもなく、理髪師を呼んだところ、その者が実に華美な装いで現れたのに驚いた。ユリアヌスは、理髪師を呼んだのであって財務官僚を呼んだのではないといい、その者に収入を尋ねたところ、恐ろしく高額の収入を得ていることを知った。そのため、このような高給取りの使用人をことごとく宮廷から追い出した。

ユリアヌスはまた、コンスタンティウス二世の時代に暗躍した書記官やアゲンテス・イン・レブスと呼ばれる官僚たち、要するに大量のスパイたちを政府から除くことも試みた。政府の要人が旅行する際に馬や乗り物を提供する制度がこうしたスパイたちによって乱用され、制度の維持費用を負担する都市に大きな労苦を強いていた。ユリアヌスはこの制度の利用を厳密にして、都市の負担を軽減しようとしたのである。

こうして、コンスタンティノープル到着後、短期間のうちに様々な施策をおこなった。しかし、それらがすべて歓迎されたわけではない。例えば、彼は自ら質素な服装をし、官僚にも簡素化を求めたが、そうした皇帝の行動に、威厳を傷つけているという批判もなされたのだった。

伝統宗教(異教)を復興しようとする強固な意志を持ったユリアヌスは、しかし、かつてのローマ皇帝政府のようにキリスト教徒迫害はしなかった。三六二年に教師規定を勅令として発布し、伝統的な文学を教える学校の教師はキリスト教徒であってはならないと定めたことを除いては、全帝国レヴェルで強権を発動することはしていない。しかし、キリスト教に対する従来のような好意的援助は一切廃止し、宗教的寛容を認めることで、事実上キリスト教の拡大・発展を阻止しようとした。ユダヤ人のためにイェルサレムの神殿を再建しようとしたことも、キリスト教への対抗のためである。そして、彼は剣ではなく、ペンで、すなわち多くの書き物でキリスト教徒の誤りを正そうと懸命に努力した。しかし、純粋で思弁的な彼の宗教信条を他の異教徒が理解することは難しかった。取り巻きの哲学者たちを別にすれば、帝権を手にしても、ユリアヌスは孤立を深めていくばかりだった。

**アンティオキア市民との対立**

ユリアヌスはコンスタンティノープルで半年ほど過ごしただけで、ペルシアの脅威を除くため、東方へと出発した。そして、三六二年七月一八日に、遠征前の拠点となるシリアの中心都市アンティオキアに入った(図4－2参照)。この町は、ヘレニズム時代以来、東地中海地域の要衝、国際都市として栄えていた。土着の文化とギリシア文化とが混在し、住民のキリスト教化が進んでいたが、異教の神殿・神域があって、ユリアヌスが師と仰いだ修辞学者リバニオスが有力者として住むようなギリシア文化の拠点でもあった。また、古くからのユダヤ人居住区もあった。

ところが、この都市に滞在した八ヶ月の間に、ユリアヌスはこの町の住民、特に有力な市民と厳しい対立関係に陥る。ユリアヌスは、アンティオキアを苦しめていた食糧難の問題を打開するために、都市を運営する参事会やその構成員である有力市民たちと協働しようとした。食糧難の原因は旱魃《かんばつ》だけでなく、軍隊の駐屯も影響していたからである。加えて、ユリアヌスは伝統宗教を復興しようとし、都市参事会に対して、祭儀の行列や合唱隊、犠牲獣などを確保するための資金提供を依頼した。しかし、食糧難対策に苦しむ都市参事会はこれを拒否したので、皇帝は国庫から資金を引き出して、夏の大祭の準備をしなければならなかった。

ユリアヌスはアンティオキアの有力者たちを理解できなかった。伝統宗教を復興することを目指したユリアヌスは、犠牲獣を捧げて神々と交信する犠牲式を重視し、これを実行するように市民たちに迫った。しかし、市民たちは、伝統宗教の復興を祝祭の宴会と演劇で果たそうとした。ユリアヌスは、神々との交信をおこなう静逸な場として犠牲式が必要と考えたが、アンティオキア市民には、動物を犠牲に捧げる犠牲式を日々おこなえと命じるユリアヌスの内面を理解できず、皇帝を「屠畜者」と皮肉った。

こうした対立の中で、ユリアヌスをさらに怒らせる事件が起こった。三五一年に兄ガルスが副帝としてこの都市に滞在中、アンティオキア出身の殉教者バビュラスに捧げたお堂を奉納した。しかし、そのお堂はアンティオキア近郊の景勝地ダフネのアポロン神の神域、特にカスタリアの泉の近くにあった。神託を与えることでかつては参詣者もいたこの泉を復興しようと考えていたユリアヌスは、お堂を移転するように命じた。ところが、再建中のアポロン神の神殿が、放火とおぼしき火災によって焼失したのである。激怒した皇帝は殉教者を崇拝する人々を犯人扱いして、アンティオキアの大教会を閉鎖し、祭具を没収した。

ユリアヌスの行動は、キリスト教徒の反発を招いただけでなく、キリスト教徒ではない人々をも驚かせ、困惑させた。市民たちは皇帝を風刺し、皮肉を浴びせた。皇帝も『ミソポゴン』(ヒゲ嫌い)という風刺作品を発表してこれに対抗したが、皇帝の失望と孤独感は深まるばかりだった。こうした中、三六三年に入り、三月五日、ユリアヌスは遠征へと出発することになる。

**ユリアヌスの死**

ユリアヌスの遠征に付き従った史家アンミアヌスは、ガリアの統治を委ねてあった道長官のサルスティウスからユリアヌスのもとに、一通の書簡が届いたことを伝えている。その中でガリア道長官は、ペルシアへの遠征は時期尚早で、実行すれば皇帝自身を破滅に追い込むから延期するように、と懇請していた。この手紙の真偽、その懇請の狙いは明確ではないが、この書簡が真正のものであった場合、ガリア道長官の狙いは、皇帝に同道しているガリア出身者の兵士のための配慮であったかもしれない。遠征軍六万名にはガリアから来た補助部隊が含まれており、また二つの軍団を指揮する司令官は、フランク族出身のネウィッタであった。ユリアヌスは、ガリアの力をメソポタミアまで連れてきていたのである。

ユリアヌスはサルスティウスの助言を無視し、進軍した。よくない前兆ばかりが見られた。遠征地から遠いローマ市でも、三月一九日にパラティヌス丘にあるアポロン神殿が火災で焼失する不吉な事態が生じた。ユリアヌスのローマ軍は各地で砦などを占拠して進み、ユーフラテス川を渡り、ティグリス川も渡って侵攻したが、次第にペルシア軍の攻撃の前に作戦通りにことが進まなくなり、移動・退却しなければならなくなった。そして、ティグリス河畔のマランガで起きた戦闘で、ユリアヌスは槍に刺されて瀕死の重傷を負ったのである。天幕に担ぎ込まれた皇帝は、側近であった哲学者たちや幕僚に囲まれて息を引き取った。六月二六日から二七日にかけてのことであった。アレクサンドロス大王とかわらぬ、三二歳の若さでの死であった。

ユリアヌスが死んだ後、ローマ軍内で皇帝を選ぶ努力がなされた。ユリアヌスが信頼を置いていた異教徒のサルティウスは辞退し、キリスト教徒のヨウィアヌスが選ばれた。ヨウィアヌスは、ローマ軍の無事帰還のためにペルシア側に大幅な譲歩をした。その結果、遠征前のローマ領に比べてメソポタミア東部などを失うことになり、皇帝戦死の不名誉と相まって、オリエントにおけるローマの優位は崩れることになった。

遠征軍はユリアヌスの遺体を運んで西に向かったが、新しい皇帝ヨウィアヌスは、三六四年の新年を現トルコのアンカラで迎え、自分の息子とともにコンスル職に就任したものの、二月一七日、コンスタンティノープルに戻る途中のダダスタナというところで死去した。ローマ軍は再び皇帝を選ばねばならなくなり、二月二五日にニカイアで、ドナウ沿岸属州パンノニア出の軍人ウァレンティニアヌスを皇帝に推戴した。

## 帝国西半のゆくえ

本章冒頭でも述べたように、ユリアヌスの治世はわずか一年八ヶ月弱である。皇帝として精一杯挑戦したかに見えるが、何らかの意義ある政策ができるような時間は、ユリアヌスにはついに与えられなかった。この短い治世に、彼は先述したようなキリスト教を抑えて伝統的な宗教を復興する努力をしたが、彼の政策や命令は、異教徒を困惑させ、キリスト教徒を怒らせただけで、まとまった成果として実現することはなかった。そして、突然の皇帝の戦死とともに中断し、そのまま歴史の闇の中に消えていったのである。ユリアヌスが執念を燃やしたペルシア遠征も、結局はローマ側には成果がなかったどころか、以前よりも領土を失い、ペルシア側を優位に立たせることになってしまった。

しかし、見逃してはならないのは、ユリアヌスの副帝時代である。先述のように、五年以上のガリア駐在の間、ユリアヌスはライン川沿いのフロンティアをコントロール下に置いた。ライン・ドナウ両大河の上流地域の防壁で囲まれた三角形の領土「アグリ・デクマテス」では、三世紀にアラマンニ族が侵攻してローマの支配権は奪われ、アラマンニアと呼ばれるようになっていた。アラマンニア居住の諸部族は、しばしば属州に侵入しては荒らしたが、ユリアヌスの時代には完全にローマのコントロール下に置かれるようになった。また、ユリアヌスはコンスタンティヌス大帝と同じように、否、それ以上に、政権の中枢部にまでも、新しい力——第三の新しいローマ人——を引き入れ、ガリアの人材と軍隊を自らの力とした。コンスタンティヌス大帝のガリア駐在時以来、初めて帝国西方をしっかりと皇帝権力に結びつけたのであった。

だが、コンスタンティヌス大帝がそうしたように、ユリアヌスもまた、コンスタンティウス二世と対決するために、自らが得たガリアの力をともなって東に向かった。ガリアは、そして帝国西半は、またもやローマ皇帝から置いてゆかれる格好となったのである。

# 第五章　動き出す大地
## ―ヴァレンティニアヌス朝の試練―

ヨウィアヌスの死去にともなって皇帝に選ばれたヴァレンティニアヌスは、属州パンノニアのキバラエ（現クロアチアのヴィンコヴツィ）で生まれた軍人で、即位時、四三歳であった。農民の家に生まれた父が兵士として出世し、高い地位にまで昇っていたため、その子ヴァレンティニアヌスは、教育を受けて文官の道を歩むこともできたであろうが、そうすることなく、父と同じ軍人としての昇進を求めて生きてきた。ドナウ沿岸属州出身の軍人が軍隊によって皇帝に選ばれるという三世紀の軍人皇帝時代の手順は、この四世紀後半になっても存続していた。

### 兄弟皇帝の分割統治

三六四年二月二五日に小アジアのニカイアで皇帝となったヴァレンティニアヌスは、コンスタンティノープルに入ると、三月二八日に弟のヴァレンスを同格のアウグストゥス（正帝）とした。弟を共治帝とし、帝国の東半分を担当させることにしたのである。帝国分担統治はこれまで幾度もなされてきたが、今度は少し違った。両皇帝は、宮廷の人員や財政まで、はっきりと二分割したのである。弟のウァレンスはこの時三六歳。ユリアヌス帝とヨウィアヌス帝の治世下で軍隊の高級将校職に就いていたが、兄に比べると実績も知名度もないに等しかった。皇帝になって後の行動を見ても、ウァレンスには軍人や政治家として高い能力があったようには思われないが、哲学者皇帝マルクス・アウレリウスの共治帝だった義弟ルキウス・ウェルス帝と同じように、兄帝に対して従順な態度を失わなかったのは、いらざる内輪もめを招かなかったという点で、帝国住民には幸いだったといえるかもしれない。一方のウァレンティニアヌス帝は、真面目で一本気な軍人であったらしく、国政の難題に正面から一生懸命取り組んだが、その分だけ激情に流されやすく、敵対者に苛烈に振る舞うことがあった。

兄弟皇帝が分担統治することになったこの三六四年をローマ帝国東西分裂の年と意義づける研究者もいる。確かに国家機構を以前よりもっと明確に分担してはいるが、兄と弟の連携はある程度維持されており、後に見る四世紀末のテオドシウス帝死後のような事態ではなかった。

プロコピウスの反乱

帝国西半を受け持つウァレンティニアヌス帝はミラノに、東半を統治する弟ウァレンス帝はコンスタンティノープルに拠点を置いた。兄帝はライン・ドナウ沿岸のフロンティアの掌握、弟帝もササン朝ペルシアと向き合う帝国東部地域を立て直し、ドナウ川河口域のフロンティアを掌握する難題を抱えていた。しかし、ウァレンス帝が本格的なペルシア対策などに臨む前に、その足下で事件が起こった。ユリアヌス帝の母方の親族であるプロコピウスが反乱を起こして、コンスタンティノープルを乗っ取ってしまったからである。

プロコピウスはユリアヌス治世下で重要な軍事職を務めていたが、皇帝が戦死しヨウィアヌスが新皇帝に選ばれてからは公職を離れていた。ユリアヌスが最後の戦いに出るときに、近しい親族のプロコピウスを内緒で継承者に指名したという噂も流れていたため、彼は身の安全をはかって、新体制の成立後に引退したのである。しかし、ウァレンスが皇帝となると、プロコピウスは新皇帝の不人気を見て取り、コンスタンティノープルの知己や軍団の指揮官たちと連絡を交わして、三六五年春に皇帝が東方に向けてコンスタンティノープルを出発すると陰謀を進め、九月二八日にコンスタンティノープルで軍隊の歓呼を受け、自らを皇帝と宣言した。

プロコピウスの強みは、親族のユリアヌス帝を通じて、コンスタンティヌス大帝家との繋がりを強調できたことである。その重要な印を彼は手にしていた。コンスタンティアという名の小さな女の子である。彼女は、ユリアヌスと争ったあのコンスタンティウス二世が、皇后エウセビアを失ってから再婚したファウスティナとの間にもうけた娘で、おそらくコンスタンティウス二世の死後に生まれた子である。

ササン朝ペルシアに対する作戦、ドナウ下流域に出現したゴート族への対応に加えて、この難儀な反乱の勃発に、ウァレンス帝は絶望しかけたが、側近の助言によって二軍団を反乱者に差し向けることを決断した。そして、三六五年の末から反乱軍への攻撃を強め、重要な将軍を自陣営に取り込むことにも成功した。プロコピウスの側からは脱落者が続出し、三六六年の五月二七日、現トルコ中部のナコレイアでの戦いで敗北して、側近とともに捕らえられた。プロコピウスはヴァレンス帝の前に引き出され、翌日には処刑されてしまい、反乱は終息した。

プロコピウスの権威付けに使われた幼い女の子、コンスタンティアは、後にヴァレンス帝の甥で、ヴァレンティニアヌス帝を継承したグラティアヌス帝の后となる(図5−1参照)。コンスタンティヌス大帝家の血筋によって、ヴァレンティニアヌスの皇帝家系を権威付けするためであった。また、プロコピウスはその反乱の最中、ゴート族から三〇〇〇名の兵力の援助を受けることができたが、それはコンスタンティヌス大帝が三三二年にゴート族と条約を結んで以来の、コンスタンティヌス大帝家とゴート族との繋がりゆえであった。コンスタンティヌス大帝のカリスマ的な力は、死後三〇年近く経過してもまだ有効だったのである。

## アラマンニ族の蜂起

さて、帝国西半に目を移そう。プロコピウスの反乱から一〇年ほど遡る三五〇年代の後半、コンスタンティウス二世帝と副帝ユリアヌスが協働して、武力と支援の両方を用いながら、ライン川、ドナウ川両沿岸の諸部族を統制下に入れようと努めていたことは前章で説明した。特にユリアヌスはアラマンニ族とフランク族をほぼコントロールし、フロンティアを安定させることに成功した。しかし、その後彼は東征し、ガリアの軍事力を引き連れていったので、置き去りにされた帝国西半ではフロンティアをコントロールする力が弱体化していった。ウァレンティニアヌス帝は一〇年あまりの治世の間、フロンティアの安定のために奔走することとなる。

ウァレンティニアヌスらが即位した年の終わり頃、アラマンニ族の一団がローマ軍の司令部を訪れ、長官から慣例となっている贈り物を授与されたが、ひどく安物を与えられ、ぞんざいな扱いを受けた。立腹したアラマンニ族の人々は、年が改まるとガリアに侵入し、ローマ軍を打ち負かした。宮廷軍補助部隊の二つの軍旗が奪われ、司令官が殺害された。これに対して、ウァレンティニアヌスはガリアの騎兵長官であるヨウィヌスを指揮者として反撃した。特に、三六六年、カタラウヌム（現フランスのシャロン・アン・シャンパーニュ）でおこなわれた戦いでローマ側が勝利し、アラマンニ族は六〇〇〇名を失い、四〇〇〇名が負傷して後退した。しかし、ヨウィヌスのローマ軍のほうも、多く見積もれば一二〇〇名ほどになる損失を被った。

**ブリテン島への襲撃**

対アラマンニ族作戦がなされた年の翌年、三六七年になると、ローマ帝国にとってまた一大事が生じた。ウァレンティニアヌス帝はこの年、現フランス北部のアミアンから、ガリア統治の拠点である現ドイツ西部のトリーアへと急ぎ行軍していた時に、ブリテン島のローマ属州が諸部族の集団に襲われて、たいへんな被害が出ているという知らせを受け取った。ブリテン島沿岸地域を担当するローマの司令官は殺され、北部の守備隊指揮官とその軍は孤立していた。

属州を攻撃した部族とは、アイルランドから来たスコティ族、スコットランド東部から来たピクト族、そして詳細は不明だがブリテン島の北部からやって来たアッタコッティ族である。ブリテン島がこれら三つの部族集団の攻撃を同時に受けただけでなく、ほぼ同じ時期に、サクソン族とフランク族がガリアの海岸部を攻撃した。史家アンミアヌスの鮮やかな筆は、この事件をこれまでに例を見ない「蛮族の共謀」として描き出している。

ブリテン島ではロンドン市が占領され、ブリタンニア管区を構成する諸属州のうちの北部地域も侵入者の支配下に置かれた。都市は破壊され、属州を守るべきローマ軍からも脱走兵が相次いだ。この危機に対して、ウァレンティニアヌス帝はスペイン出身のフラウィウス・テオドシウスを軍指揮官とする機動部隊の精鋭をブリテン島に派遣した。この人物は、後に皇帝となりテオドシウス一世と呼ばれることになる人物の父親であり、ここでは父テオドシウスと呼ぶことにしたい。

父テオドシウスは三六八年の春にブリテン島に向けてボノニア(現北フランスのブーローニュ)を出港し、イングランドの東南部にあるルトゥピアエ(現リッチバラ)に着いた。彼は迅速に行軍して、数ヶ月のうちに敵に占領されたロンドンの町を解放し、また脱走兵に恩赦を与えて軍に戻し、秩序を回復した。翌三六九年になると、父テオドシウスはロンドンを出発して北に向かい、ローマ領を回復して、新しい属州「ウァレンティア」を設立した。彼の施策は、秩序の回復や軍隊の再編制ばかりか、被害を受けた都市の修復や要塞の再建にも及んだ。史家アンミアヌスは、父テオドシウスがブリテン島の属州を「喜びで踊らせて」去ったと記している。ブリテン島に秩序が回復されたという報告が皇帝に届けられると、皇帝は父テオドシウスを騎兵長官に昇進させた。

## 「蛮族の共謀」はあったか

すでに一世紀の終わり頃に史家タキトゥスが書いているように、ローマ人は外の世界にいる「蛮族」たちを互いに争わせ、同盟を作らせないことが安全の秘訣と考えていた。そのため、いくつもの部族が同時に攻撃をしかけてきたことは、確かに衝撃的だっただろう。しかし、軍隊経験も豊かだった史家アンミアヌスの記述にもかかわらず、現実には諸部族が「共謀」したとは考えられない。彼らの間の同盟関係や連絡網の存在、そして指令を出した人物など、史料には何の記述もなく、おそらく偶然といってよいだろう。

この事件は、ローマ帝国のブリテン島支配が衰退に向かう大きな転換点と考えられてきたが、詳細を伝えるのはアンミアヌスの史書のみであり、しかも史家は、軍司令官父テオドシウスの活躍ぶりを、彼の子である皇帝テオドシウス一世の治世にその史書に記している。ブリテン島で生じたこの「蛮族の共謀」事件の意義については、それを裏付ける考古学的な証拠が充分でない。父テオドシウスの辺境再建事業について、ハドリアヌスの長城近くの要塞バードスウォールドの再建の年代が貨幣からウァレンティニアヌス帝治世と決定される以外、考古学的な証拠がなく、謎に包まれている。とはいえ、危機的状況が比較的早くに克服され、ブリテン島の諸都市が復興し、ハドリアヌスの長城の機能も回復したことには注目しておくべきだろう。

### ウァレンティニアヌスの死

諸部族の属州侵攻が生じた三六七年の夏、アミアンにいたウァレンティニアヌスは病気にかかった。後継者が取りざたされるようになった八月二七日、部下に支えられて軍隊の前に姿を現した皇帝は、息子グラティアヌス(図5-1)を兵士たちに紹介し、歓呼を受けた。皇帝はグラティアヌスを、従来もなされたことのあるように副帝に任じるのではなく、最初から正帝とした。グラティアヌスは三五九年の生まれで、当時まだ八歳の子どもであったが、父ウァレンティニアヌスは後継者をはっきりさせたわけである。このことの意義は大きい。すでに帝国統治を分担している弟ウァレンス帝とは、今後皇帝家も分ける、つまりもはや一つの直系家族だけでローマ帝国全土を統治することはない、ということを意味したからである。

まもなく病が癒えたウァレンティニアヌス帝は、三六八年の夏に幼いグラティアヌス帝をともなってアラマンニ族攻撃に出発した。この行動は、アラマンニ族連合の王の一人であったウイティカビウスが暗殺されるという、予想外の事態に誘発されたものであった。マイン川を渡ってアラマンニ族の領域に入ったローマ軍は、農地を荒らすなどし、戦いも交えた。さらに、三六九年から三七〇年にかけて、領地や岩塩採掘をめぐってアラマンニ族と争っていたブルグンド族と連携して、アラマンニ族を攻撃した。華々しい戦果を挙げたので、宮廷では新属州設立の話まで出ていたようである。

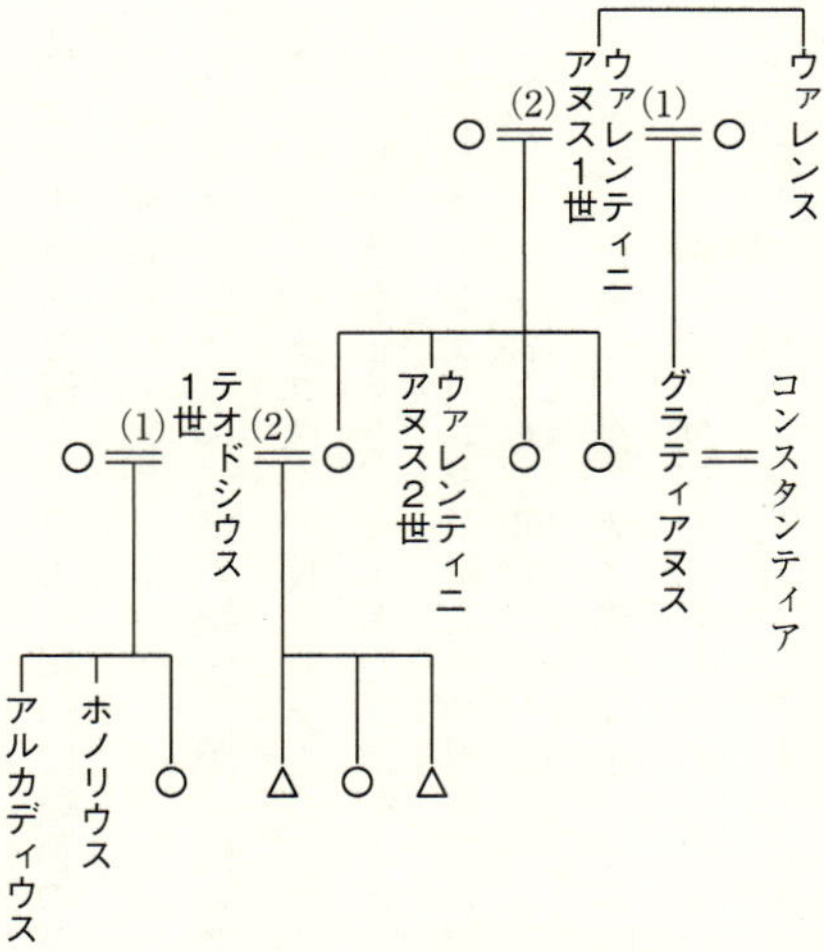

図 5-1　ヴァレンティニアヌス朝とテオドシウス帝(グラティアヌスの妻コンスタンティアは，コンスタンティヌス大帝の孫で，コンスタンティウス 2 世の娘．図 2-7 参照)

しかし、三七二年頃になると、ヴァレンティニアヌスは攻撃ではなく、講和を目指すようになる。そして、三七四年、アラマンニ族の王の一人、マクリアヌスをライン川中流域のローマの拠点、マインツ付近に招いて、ライン川に浮かべた船の上で条約を結んだ。この王は、その死までこの条約を守っている。アラマンニ族との講和を急いだのは、ドナウ沿岸に危機的状況が生まれつつあったからだった。クァディ族とサルマタエ人が不穏な動きを見せていたのである。三七四年の秋、クァディ族はドナウ川を渡り、ローマ属州に略奪のために侵攻した。ちょうどグラティアヌス帝に嫁すために移動中であったコンスタンティア――先のプロコピウスの反乱時に反乱軍のもとにいたコンスタンティウス二世の娘――が、侵入者によって危うく連れ去られるところであった。さらに、サルマタエ人の一団も侵入した。しかし、まもなく父テオドシウスが作戦を開始したという知らせが届くと、侵入者たちは和を乞うてきた。

皇帝ウァレンティニアヌスは、ガリア管区統治の拠点トリーアに息子グラティアヌス帝を残して、ドナウ沿岸地域に向かった。そして、三七五年の夏には現在のハンガリーの首都ブダペスト付近で行動し、クァディ族を制圧する作戦を継続した。やがて、クァディ族が交渉を求めてきた。皇帝はその使節を引見したが、クァディ族側は彼らの領地にローマ側が要塞を構築したと非難して、侵入の正当性を主張したため、皇帝は怒りを爆発させた。そして、激怒のさなかに脳卒中で倒れてしまったのである。交渉相手の前からすぐに別室に運ばれたウァレンティニアヌス帝は、そのまま帰らぬ人となった。五四歳であった。

### 幼少皇帝の誕生

ウァレンティニアヌスが一一月一七日に世を去った時、共治帝たる息子グラティアヌスはトリーア市におり、統治権の継承に問題は生じないはずだった。ところが、ウァレンティニアヌス帝指揮下のドナウの軍団が、皇帝とともにいたわずか四歳の息子を正帝としてしまった。この幼児ヴァレンティニアヌス二世は、ヴァレンティニアヌスの二度目の妻との間の子で(図5－1参照)、その登位を準備したのは、ヴァレンティニアヌス帝の作戦に従っていたメロバウデスという将軍だった。トリーアのグラティアヌス帝も東のヴァレンス帝もよくは思わなかったが、結局受け容れ、皇帝位をめぐる内戦には至らなかった。

この後、幼いヴァレンティニアヌス二世は兄グラティアヌス帝の庇護下で形ばかりの共同統治者となったが、推戴劇の推進者であるメロバウデスはグラティアヌスの宮廷で力を発揮していく。その名から明らかに外部部族、おそらくフランク族出身のこの人物が頭角を現したのは、ユリアヌスのペルシア遠征に加わった時からである。三七五年から帝国西部の歩兵長官を務めて軍事力を握り、三七七年、三八三年、そして三八八年にも名誉あるコンスル職に指名されている。コンスタンティヌス大帝、ユリアヌス副帝の下で登用が進んできた「第三の新しいローマ人」は、ついにこのグラティアヌス帝時代に国を動かすほど大きな存在になったのである。

### 外部勢力を取り込む軍隊

ここで、帝国西半のフロンティアの状況を改めて整理しておきたい。三六一年にユリアヌスがガリアを去った後、置き去りにされてしまった帝国西半は、ヴァレンティニアヌス帝治世に再び安定を回復したようである。しかし、危機ではないものの、帝国にとって重大な変化が、少しずつ静かに進行していた。その点について、コンスタンティヌス大帝期あたりからの経過を踏まえて説明しよう。

まず、軍事力の問題。帝政初期に征服されて属州とされた地に住む住民がローマ帝国の正式構成員となっていく重要な回路の一つとして、補助軍団の兵士としての勤務があった。軍務を全うすればローマ市民権が手に入り、社会的な上昇を期待することができた。フロンティア居住の人々が帝国内に移った場合も同様であった。四世紀に入り、コンスタンティヌス大帝時代になると、皇帝警護にあたる宮廷軍など帝国外部族出身者から成るローマの軍隊も設置された。また、ガリアでは、テトラルキア(四帝分治制)の時代から外部部族がフロンティア統御のために組織的に移住・植民させられて、ローマ軍兵士として勤務するようになった。「ラエティ」と呼ばれる人々である。すでに紹介した、副帝ユリアヌスによってライン川河口に近いトクサンドリアに移住させられたフランク族も、このラエティである。

さらに、「フォエデラティ」と呼ばれる人々の軍隊も現れた。これの定義は容易でないが、三世紀末からは「フォエドゥス」(同盟条約)でもって帝国内に土地を与えられた人々、そしてその人々から成る軍隊を一般に意味するようになった。同盟部族と訳されることが多い。アルプス以北ではコンスタンティヌス大帝が最初に採用したこの同盟部族は、与えられた土地での自治権を持ち、戦争に従事する場合はローマ帝国の軍制や指揮に従うのではなく、元の集団の指導者、部族のリーダーの指揮下で戦った。

この同盟部族の軍は、ローマの必要な時のみ雇用される軍隊であったが、やがて兵士たちの帝国による動員時以外の生活を、有力者が個人的に保障するケースが増えていく。こうして成立する私的な軍隊はブッケラリイと呼ばれる。このブッケラリイが急増するのは四世紀の終わり以降であるが、国家の正規の軍事制度には入らない、有力者の私的な軍隊がガリア地方で成長を始めるようになったことは見逃せない。

こうして帝国は、外部世界出身者を軍事力として確保していった。彼らはローマ軍兵士として忠実に働き、戦った。外部世界出身者といっても、フロンティアがゾーンで、透過性があったので、彼らの中でローマ社会の仕組みに触れたことがないような者はいなかったから、帝国への参入にはそれほど違和感はなかった。

### 台頭する部族出身者たち

軍事の才能を中心に、彼らの実力と働きを国家も認めるようになっていった。それは、彼らの昇進の受け皿である軍事ポストの評価がどんどん高くなっていったことから知られる。

コンスタンティヌス大帝の時代に確立された機動軍は、歩兵長官と騎兵長官によって指揮されていたが、この職の就任者は名誉ある正規コンスルの地位を得ることもあった。そして、この両職の上に立つ総司令官(マギステル・ミリトゥム)の職が、コンスタンティウス二世時代に設置された。この軍総司令官は、ウァレンティニアヌス一世とウァレンスの統治期に高位の貴族の位階をも持つようになり、軍事力だけでなく、社会的な権威をも備えるようになった。

四世紀の後半、帝国に生じた重大な変化の一つは、この総司令官職をはじめとする軍事の要職に、「第三の新しいローマ人」が就くことが急激に増えたことである。すでに、三五〇年に皇帝を僭称したローマ軍司令官マグネンティウスは、「ラエティ」の出であった。ユリアヌス帝に付き従った将軍ネウィッタはフランク族出、グラティアヌス帝治世の実力者メロバウデスも恐らくフランク族の出である。その後の時代まで眺めると、バウト、リコメル、アルボガストなど、さらにフランク族出の総司令官がいる。三七九年に始まるテオドシウス一世治世には、ゴート族と戦うことがあったにもかかわらず、ゴート族の出の将軍が台頭し、さらにテオドシウスが二人の帝位継承者の補佐を委ねた重臣は、父親がヴァンダル族出のスティリコであった。

こうした「第三の新しいローマ人」の台頭は、「民族」に関するローマ帝国の融通無碍な性格によるものだった。現代的観点からすれば、特定の民族にこだわらない寛大な措置と見えるかもしれないが、そもそもローマ人は「民族」という考え方を一九世紀以降のような特殊な意味で理解していなかった。皇帝たちは彼らの実力を認め、重用した。「特別の事情」でもない限り、彼らを退ける理由はなかったのである。

## 独立する地方有力者

さらに、こうした新しい軍隊、新しい人材が生まれる場であったフロンティアの社会で、変化が起きつつあった。再びホイタッカーの研究に学びながら、後期ローマ帝国時代の変化を考えてみたい。ゾーンをなすフロンティアのうち、ローマ軍駐屯線の向こう側では、長らくローマ帝国からの物品は有力者たちによって独占され、彼らはそれによって住民支配力を強化していた。軍駐屯線のこちら側、すなわち属州においても、ローマ支配の果実は有力者によって独占され、下層の農民層に恩恵は届きにくかった。有力者はローマ帝国の一員として、農村社会を支配していたのである。また、ローマは、フロンティアで兵士を徴募しても、出身地とは違う地域で勤務させ、出身地の有力者と繋がらないように試みていた。例えば、イングランド北部のウィンドランダ要塞にいた補助軍兵士はブリテン島の出ではなく、現在のオランダあたりから来たバタウィ族の者たちだった。

しかし、四世紀以降の機動軍設立や皇帝位争いのために、とりわけライン川地方のフロンティアから兵士が多く動員されたため、フロンティアでは兵士が不足し、その補充が地元の住民からなされた。その結果、彼らは在地の有力者の下で働くようになり、有力者と農民たちが結合して、帝国の統治体制を介さない結合体ができるようになった。人口が増大して食糧不足が次第に深刻になると、ローマ帝国属州の側への人々の流入が増えていったが、そうした状況はフロンティア全体の不安定要因となった。特に弱者たる農民は在地の有力者を頼るようになっていき、ローマ帝国の統治から遊離した、独立傾向を持つ結合体の形成が促された。これが、五世紀以降に「民族大移動」後の部族国家が形成される際、重要な基盤になったと推測される。

在地の有力者を支えとしてきたローマ帝国にとって、これは静かな危機であった。帝国東半では、皇帝権力が新しい貴族層を把握し官僚や宦官を用いた強力な統治体制ができていったのに対して、皇帝権力が在地の有力者を充分に把握できずにきた帝国西半では、秩序を維持するために新しい兵士と新しい軍指導者に頼る傾向が強まると同時に、足下の地域支配も次第に掘り崩されていったのである。

こうした帝国西半の状況を念頭に置いて、再び東に目を転じてみよう。

## ゴート族の歴史

三六六年にプロコピウスの反乱を鎮圧したウァレンス帝は、この反乱に援助軍を送ったゴート族を懲罰せんと、軍を動かした。ゴート族のプロコピウス支援は、三三二年のコンスタンティヌス大帝とゴート族の間に交わされた条約に反するというのが、その理由であった。ウァレンスの作戦は三六七年からしばらく続いたが、三六九年、講和条約を結ぶこととなる。東方のササン朝ペルシアの動きが活発化して、備えをせねばならなくなったからである。新しい講和条約は三三二年の条約に代わるもので、ゴート族にはより厳しい内容となっている。彼らはドナウを渡河せぬように約束させられ、皇帝からの支援金も受け取ることができなくなった。交易も二ヶ所で許されただけである。ローマ帝国は、ゴート族を完全に統制下に置いていた。

ところで、このゴート族は、いわゆる「民族大移動」に大きな役割を演じたといわれている人々である。彼らはいかなる集団で、この当時どのような状況にあったのだろうか。

ゴート族は一般に、東ゲルマン系の民族で、ヨーロッパ北部、バルト海方面から黒海北岸に移動し、東ゴート族と西ゴート族に分かれて居住していたと説明される。そして、東方からフン人が襲来すると東ゴート族は支配下に入ったが、西ゴート族は西方へ逃れてローマ帝国領内へ入り、「ゲルマン民族の大移動」の始まりをなしたとされる。さらに、西ゴート族はバルカン半島を蹂躙して四一〇年には「永遠の都」ローマ市を占領・略奪し、その後西へと移動して、最終的にスペインに西ゴート王国を建てた。その後、東ゴート族もローマ帝国領内に侵攻して、東ゴート王国をイタリアに建てた。以上のように説明されることが多い。

いわゆるゲルマン系の部族のうち、ゴート族にはその起源から歴史を語る書物が残されている。六世紀中頃のヨルダネスの作品『ゴート史』がそれである。ヨルダネスによれば、ゴート族は北の島で暮らしていたが、やがて船で別の海岸地帯に移動し、さらに後になって黒海方面に移った、という。彼らはテルウィンギとグレウトゥンギの二集団に分かれており、テルウィンギが西ゴート族に、グレウトゥンギが東ゴート族になっていくと考えられてきた。グレウトゥンギではアマルという王家が支配し、後の東ゴート王国テオドリック大王がこの王家から出るとされた。これらの理解もヨルダネスの記述に拠るところが多い。

### ゴート族の新しい理解

しかし、今日の「ゲルマン人」研究、ゴート族研究の進展は、ヨルダネスの情報をそのまま受け取ることはしない。すでに先の章でふれたように、「ゲルマン」

諸部族については、起源から変わらぬ紐帯を保持してきた生物学的で種族的なまとまりと見るのは不適当だと、現在の学界では考えられている。「ゲルマン人」の諸部族集団は、固定的な集団ではなく、戦いなどで離合集散を繰り返しながら、古代の終わりの時期に向かって政治集団を形成していった。いま問題にしている四世紀、人々はそうしたまとまり、「エトノス」を形成しつつある過程にあったといえる。このエトノスというギリシア語は民族と訳されることが多いが、現代歴史学では、民族という言葉の持つ一九世紀以降の特別な意味合いを避けるために、カタカナで「エトノス」と表記するのが一般的である。

こうした観点を踏まえて、ゴート族については次のように考えられている。ゴート族がはじめに住んだ「北の島」とは曖昧な記述で、長らく考えられてきたスカンディナヴィアを指すとはいえない。ローマ帝国と接するようになって以降の時代、ゴート族が黒海の北岸に居住したことは間違いないが、彼らの生活の歴史は考古学的に「ヴィエルバルク文化」へと遡ることができ、その原住地は現ポーランドのポメラニアではないかと推定されている。

また、ゴート族はグレウトゥンギが東ゴート族、テルウィンギが西ゴート族というように初期の段階から分かれていたわけでは決してない。彼らの政治的集団は、フン人やローマ帝国などとの接触や関わりの中で、分裂や混乱を経験しつつ次第に形成されていったものであり、ゴート族研究の専門家へザーの考えでは、西ゴート族というアイデンティティを認めうるのは、ゴート族の一集団がガリアのアクィタニア（現フランス南西部のアキテーヌ地方）に領土を認められた四一八年になってからである、という。アマル王家が東ゴート王国のテオドリック大王に繋がるという説明も、今日では疑問視されている。本書では、こうした研究成果を踏まえて、「ゴート族」という言葉は用いても、「西ゴート族」「東ゴート族」は用いず、テルウィンギ、グレウトゥンギという集団名を用いることにしたい。読者には馴染みのないカタカナ表記を強いるので恐縮だが、以下では、部族のエスニシティやアイデンティティは可変的であるという今日の歴史学界の認識を反映させた叙述を試みることにする。

### フン人の西進とゴート族

さて、こうしたゴート族を、三七〇年代に入って突然の不幸が襲うこととなる。東からの遊牧の民、フン人が移動してきて、彼らを攻めたからである（図5－2）。

ギボンは『衰亡史』の中で、このフン人を中国の北で活動した匈奴《きょうど》と同じとみなして叙述したが、今日の学界ではそのように断定してはいない。両者の関係は、現在でも未解決の問題である。フン人については、彼らがどこから来たのか、どのような民族系統に位置づけられるのか不明であり、言語系統もわかっていない。

フン人がヨーロッパに現れたのを史料から最初に確認できるのは、ユリアヌスの治世である。アゾフ海周辺のギリシア人都市やカフカス山脈の麓にある王国から使者がコンスタンティノー

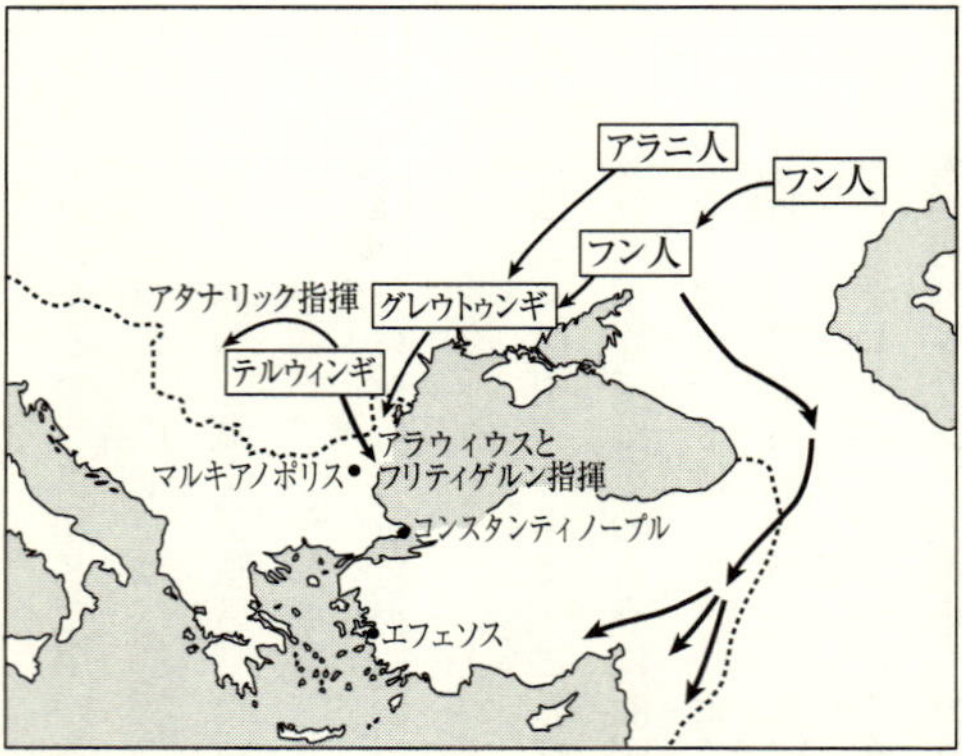


図 5-2　フン人の移動とゴート族のドナウ渡河

プルにやって来て、遊牧民の集団が襲って来たことを伝えたのである。三七〇年代に入ると、フン人は黒海の北に居住するイラン語系の言葉を話す遊牧民、アラニ人を攻めて支配下に収め、そのアラニ人も軍に加えてゴート族のグレウトゥンギを攻撃した。

　グレウトゥンギは当時、ヨルダネスが『ゴート史』で強大な力を持つ王と記すエルマナリックが支配していたが、王はフン人と戦って殺害されたか自殺したかし、その後継者も戦死して、グレウトゥンギの人々はフン人の支配下に入るか、西に逃亡した。グレウトゥンギ国家の壊滅を知った西に住むゴート族の人々は、大混乱に陥った。テルウィンギ集団は当時アタナリック王に率いられていたが、カルパティア山脈方面へ避難した。しかし、アタナリックに代わってテルウィンギを率いるようになったアラウィウスは、三七六年になって、シリアのアンティオキアに滞在していた皇帝ウァレンスに使者を送った。そして、もしローマ帝国領、属州トラキアに自分たちを迎え、土地を与えてくれたら、ローマ軍に兵士を提供しようと申し出た。

謎の遊牧民集団の襲来や、それによってゴート族の国家が壊滅し混乱状態に陥っていることは、ローマ皇帝政府も知っていたであろうが、その規模や実態について正確には理解していなかった。皇帝ウァレンスはドナウ川の北岸から属州入りを求めている集団について側近から報告を受けて、新しいローマ軍の供給源が現れたくらいにしか受けとめていなかったようである。この年の秋、ウァレンス帝はテルウィンギにドナウ渡河を認めた。

**民族大移動？**

三七六年、世にいう「ゲルマン民族の大移動」始まりのこの時、いったいどれくらいの数の人々がドナウを押し渡ってローマ属州に移ったのだろうか。史家アンミアヌスが、ゴート族の渡河の世話をしていた者が数を数えようと試みたが諦めたと記述しており、きわめて多いという印象を与えている。新プラトン派哲学者エウナピオスの『歴史』の断片にも、戦闘員だけで二〇万人という、途方もない数字が上がっている。しかし、現代の研究者はこの数字を信用していない。そもそも古代の作品に残る戦闘員の数には誇張が多い。部族の移動についても、数字はたいてい非常に大きい。例えば、アウグストゥスの治世に、五万人のゲタエ族がドナウ川の下流域、属州モエシアへ移住させられたとの記録がストラボン著『地誌』にあり、第二代皇帝ティベリウスも四万人の「ゲルマニア人」にガリアとライン川地域に移ることを許したと記されている。一世紀中頃のネロ帝の治世には、属州モエシア総督が、ドナウの北から一〇万人もの人々を属州に移したとする碑文の記録がある。さらに、二世紀後半のマルクス・アウレリウス帝も三〇〇〇人のナリスティ族を帝国属州に移した。三世紀になると、プロブス帝が一〇万人のバスタルナエ族を受け容れ、コンスタンティヌス大帝は何と三〇万人のサルマタエ人をトラキア、イタリア、マケドニアに移住させたと伝えられる。

近年の研究を見ると、三七六年にドナウを渡った人々の数は、多く見積もって数万と推定する学説が多いように思われる。もしこれが正しいならば、それまでの例に比して三七六年の移動が格別に大規模だったとはいえないだろう。ただ、明確に異なるのは、移動後の人々の状態であった。

**憤るゴート族**

ドナウを渡り属州モエシアに移った、難民といってよい人々を待ち受けていたのは、トラキア地区のローマ軍司令官を務めるルピキヌスと属州モエシアの軍司令官マクシムスであった。彼らは、移動してきた人々にひどい仕打ちをした。古代の記録はこぞってこのことを伝えている。どこかの割り当て地に移ることを期待している難民たちを、ルピキヌスらは引き留めて、彼らが欲している食糧を提供しないどころか、高価で買い取るように迫った。人々は、狗《いぬ》の肉を手に入れるために奴隷を手放さねばならなかった。しばらくして、ルピキヌスは人々に、ドナウ川から一一〇キロメートルほど南にある属州の中心地マルキアノポリスに移動するように命じた(図5-2参照)。

最初にドナウを渡河してきた人々は、テルウィンギ集団だけではなかったが、テルウィンギが中心であったことは間違いない。そして、テルウィンギ集団を率いていたのは、フリティゲルンとアラウィウスの二将軍だった。渡河した人々が飢えで苦しむようになり、ローマ側に対する怒りが難民集団に漲るようになると、反乱を封じ込めるために、ルピキヌスは指導者フリティゲルンとアラウィウスを、親切を装って陣営の宴会に招き、彼らの護衛を殺害して両名を人質にしようとした。しかし、アラウィウスの消息はわからないものの、フリティゲルンは巧妙に危機を脱し、自陣に戻った。そして、ローマ側に誠意がないのを確認して、広く連帯する集団を募った。

指導者を除くことに失敗したルピキヌスは、マルキアノポリスの近くにローマ軍を集結させ、南下するゴート族の軍を迎え討とうとしたが、フリティゲルン指揮の軍隊に敗れて、軍旗を奪われてしまった。ルピキヌスは戦場から逃亡し、彼の軍の敗北は時の情勢に大きな影響を与えた。ドナウ川を越えて属州モエシアに入る通路は無防備に開かれた状態となった。そして、フリティゲルンと協働する勢力が続々現れるようになった。それればかりではなく、すでにローマ帝国内に受け容れられていた集団からも、待遇に不満を抱いて、フリティゲルンの軍に加わる者が出てきた。やがて、東の方のアラニ人やフン人すらも、対ローマの戦線に加わるほどとなる。こうして、ローマ帝国が長らく戦略的に避けてきた、様々な部族集団がローマ帝国に対して連帯するという事態が、この時初めてできあがってしまったのである。

こうした情勢は、三七六年のうちにシリアのアンティオキアにいる皇帝ウァレンスに報告されていただろう。同じ情報は、帝国西半を統治するグラティアヌス帝にも届いていた。グラティアヌス帝は叔父ウァレンスを支援するために、二人の将軍、フリギデリウスとリコメルを派遣した。両名とも帝国外部族の出身で、「第三の新しいローマ人」である。

**東西両皇帝の協働**

ササン朝ペルシアと交渉を済ませて軍を返したウァレンス帝は、三七八年の春にはコンスタンティノープルに戻っていた。西半の皇帝グラティアヌスが派遣した軍隊は、東半の軍隊と協力して、幾度もゴート族の集団と戦ったが、三七八年の二月にアラマンニ族の一派、レンティエンセス族がライン川を渡って属州ラエティア(現在のスイス地方)に侵入したため、グラティアヌス帝は東に送った軍隊を呼び返さざるを得なくなった。グラティアヌス帝はこの侵入者に勝利を収めると、再び叔父のウァレンス帝を援助するため、軍隊を東に向かわせた。宮廷が分割されていても、ローマ帝国は東西連携して動いていたのである。

ところが、このグラティアヌス帝の支援が、ウァレンスには悪い刺激になってしまった。甥の若い皇帝から届いた知らせは、西の軍が支援のため東に向かって進発したことと、最近レンティエンセス族を打ち破って勝利をあげたことが記されていた。小心なウァレンス帝は、甥の活躍に負けぬよう自身も勝利をあげねばならぬと思い詰めてしまったのである。

### アドリアノープルの戦い

グラティアヌス帝によって派遣された将軍リコメルから、東西の軍隊が合体するまで作戦を待つように連絡があり、部下のサルマタエ人将軍ウィクトルからも助言されたが、功を焦るウァレンス帝は聞く耳を持たなかった。七月も終わる頃、南下するゴート族の軍を討つために、ウァレンス率いるローマ軍はアドリアノープル(三二四年に大きな戦いがあった場所)方面に向かった。フリティゲルンから、トラキアを割り当てるように要望するキリスト教徒の使者がウァレンスのもとに送られたが、皇帝はにべもなくその要求を退けた。

暑い夏の盛り、重装備の行軍ですでに疲労がたまっていたローマ軍は、ウァレンス帝の指示で、アドリアノープル付近の平原に布陣した。三七八年八月九日の朝のことである。ローマ軍は、会戦に典型的な布陣、つまり中央に主力歩兵、左翼と右翼に騎兵を配していた。一方、諸部族の寄せ集めのゴート族陣営は、個々に歩兵・騎兵を配していた。このため、バラバラに行動するゴート側をローマ帝国軍は包囲し捕捉することが難しかった。午後になって戦闘が始まったが、グレウトゥンギの騎兵の攻撃を受けてローマ騎兵隊が崩れ、まもなく歩兵部隊も押されるようになった。皇帝は部隊の立て直しをはかったが、不可能で、兵士の間を逃れているうちに矢で射られた。史家アンミアヌスの伝えるところでは、傷を負ったウァレンス帝は、警護の者や宦官によって近くの農民の小屋に担ぎ込まれたが、そこへやって来たゴート兵の一団が、中にいる者が誰か知らずに小屋に火をかけ、皇帝たちを焼き殺してしまった。

夕刻には戦いは終わった。ゴート族の損害はわからないが、ローマ側は甚大な損害を受けた。皇帝をはじめ、貴顕の者が大勢死に、将校クラスが三五名も斃《たお》れた。ゴート族研究者へザーは、ローマ軍の戦死者は一万五〇〇〇人から三万人の間の膨大な数になると推測する。完全なローマ側の敗北であり、帝国東半の主力軍は壊滅状態となった。

先述したように、四世紀のローマ帝国では、このアドリアノープルの戦い以前に、大規模な戦闘が二度あった。三二四年のコンスタンティヌス大帝とリキニウス帝の戦い、そして三五一年のコンスタンティウス二世帝と簒奪者マグネンティウスの戦いであり、特に後者では、コンスタンティウス二世軍が勝利したものの、双方が非常に多くの兵士を失っている。しかし、これらはローマ軍同士の戦いであった。この度のアドリアノープルの戦いは、ローマ軍と移動してきた外部部族との戦いである。しかも、それによって、ローマ軍が大敗北を喫し、皇帝が戦死している。ドナウ・フロンティアで外敵との戦いに際し皇帝が戦死した例は、三世紀にもすでにあり、二五一年にデキウス帝がゴート族と戦い、戦死している。この時の危機は後続の皇帝たちによってまもなく克服され、ゴート族は押し戻された。しかし、このアドリアノープルの戦いによる敗北後、ゴート族は二度とドナウの北に押し戻されることはなかった。

アンミアヌスは、アドリアノープルの戦いでの敗北を「後悔が止むことのない破滅」という印象深い表現で記述している。この戦いは帝国にとって軍事上の大敗北だったが、それだけでなく、次章で述べるように、ローマ社会の精神的なあり方にも重大な影響を及ぼすことになる。

### テオドシウス一世の登場

帝国東半は皇帝を失ってしまった。西半にはグラティアヌス帝とウァレンティニアヌス二世帝の兄弟皇帝がいたが、後者はまだ七歳に満たなかった。兄のグラティアヌス帝はこの危機にあたって、ある男に白羽の矢を立てた。その者とは、テオドシウスである(図6－1参照)。グラティアヌス帝の父、ウァレンティニアヌス一世の治世にブリテン島のローマ領回復などに活躍した将軍(父テオドシウス)の息子で、当時おそらく三〇歳を少し過ぎたくらいだったが、二〇歳の頃より父とともに戦地で過ごしてきており、実戦経験は豊かであった。

父テオドシウスは、ブリテン島やライン沿岸での作戦で功をあげて、司令官に任命され、さらに北アフリカで生じた騒擾《そうじょう》を鎮圧するために派遣されたが、三七五年、ウァレンティニアヌス一世が死んでまもなくの時期に、カルタゴで処刑された。これは、グラティアヌス帝の宮廷を牛耳った「第三の新しいローマ人」、メロバウデスの策略と指摘する学者もいるが、正確な理由は今日に伝わっていない。当時息子のテオドシウスはドナウ川中流域でサルマタエ人を相手に戦っていたが、父が処刑されたために免官されて、自領のあるスペインに戻っていた。

グラティアヌスは、父親を処刑させていたにもかかわらず、テオドシウスを呼び出して、ウァレンス亡き帝国東半の統治を命じた。テオドシウスは三七九年一月一九日に、ドナウ中流域の拠点都市シルミウムで皇帝となった。彼の任務は明白だった。移動してきた部族集団を鎮圧し、アドリアノープルの戦いでの敗北で生じた危機を克服して、帝国東半の秩序と支配力を回復することであった。

# 第六章　瓦解する帝国
## ―「西」の最後―

アドリアノープルの戦いでのローマ軍の大敗北とウァレンス帝の死は、一時的にローマ帝国の東半における統治を停止状態にした。戦いの翌年、三七九年の一月一九日に即位した新皇帝テオドシウス一世は（図6－1）、すぐさま帝国東半のローマ軍を立て直し、ゴート族等に対応しなければならなかった。この課題に皇帝がとった策は、武力だけではなく、硬軟併せ持つものだった。

**テオドシウス帝の条約締結**

ゴート族はアドリアノープルで大勝を収めたものの、その後は思うようにローマ領内の都市の攻略を進めることができなかった。コンスタンティノープルを目指した一団は、強固な市壁に阻まれ、またアラビア人弓兵に攻撃されて失敗した。テオドシウスはバラバラの状態になったゴート族を個々に撃破していった。一一月一七日にはゴート族、アラニ人、フン人の集団に対して勝利を得た。

三八〇年の終わり頃に皇帝は病に倒れ、死を予期して儀式すら執りおこなったが、まもなく

図6-1　貨幣にみえるテオドシウス帝像

回復した。そして、三八一年になると、ゴート族の王、アタナリックをコンスタンティノープルに迎える。この王は、別のゴート族指導者フリティゲルンと異なり、ローマ領内に入ることを希望しなかった。その彼が、部族内の陰謀で逃亡せざるを得なくなり、皇帝のもとに来たのである。アタナリック王は病んでおり、まもなく死んだ。テオドシウスはこの王を丁重に弔ったので、ローマ軍に奉仕しているテルウィンギ出の兵士たちに感銘を与えた。ゴート族出身者のローマ帝国への帰属意識を高めて、新来者の馴致をはかろうとしたと推測される。皇帝はゴート族出身者を、軍事面で積極的に登用もした。

　こうした状況の中で、テオドシウスとゴート族との歴史上大きな意義のある条約（フォエドゥス）が結ばれた。三八二年一〇月三日のその条約によって、ゴート族はフォエデラティ（同盟部族、一五四頁参照）として、ドナウ川とバルカン山脈の間の属州諸地域に広く居住を認められた。彼らは、法上は伝統的なやり方で「降伏者」としてローマ帝国に受け容れられ、ローマ軍への兵士提供を求められたが、部族の構成や軍組織を保持し、戦いの時はローマの隊長ではなく、部族の長の指揮に従うこととされた。この条約については、ローマ帝国が領内に事実上の独立勢力の永住を認めたもので、画期的であると後期ローマ帝国史と衰亡史の歴史叙述に明記されてきた。

しかし、フォエデラティそのものはディオクレティアヌス治世から存在し、またゴート族についても、これより少し早く、三八〇年頃、帝国の西半を統治するグラティアヌス帝の領土にも一団が押し掛け、皇帝に認められて、ドナウ川沿いの属州パンノニアに同盟部族として受け容れられている。テオドシウス帝の政府も、従来通りのやり方でフロンティアを統御しようとしたと考えられる。その意味では、三八二年の条約に画期的な面はない。重要なのはその後の経過である。定住した人々がその地にとどまって兵役と農耕に従事し、ローマ帝国構成員として暮らしたのではなく、しばらく後に再度移動し始めたからである。

### マクシムスの反乱

話を西半に移そう。何事も他人頼みの自立心に欠けた若い皇帝グラティアヌスは、帝国東半をテオドシウスに任せて、自分はガリア北東部の拠点トリーアから北イタリアのミラノに移り住んだが、その地でキリスト教の司教アンブロシウスの強い影響下に置かれた。そのためグラティアヌス帝は、伝統的に皇帝が担ってきたローマ宗教の最高神官の役割や聖職者たちの手当支給など、国家の異教への関与をことごとく退けた。ローマ市の元老院議場に置かれていた勝利の女神の祭壇も再度撤去させている。

そして、三八三年六月、グラティアヌス帝はアルプスを越えて、ガリアに向かった。アラマンニ族の侵攻に対処するためであった。ところが、ブリテン島の軍隊が司令官のマグヌス・マクシムスを皇帝と宣言し、ライン沿岸に駐屯する軍隊も呼応したので、グラティアヌス帝は窮地に陥る。しかも、彼の政府で政治を委ねてきた重臣メロバウデスが寝返ったため、グラティアヌス帝は逃げ出さざるを得なくなった。そして、ガリアの都市ルグドゥヌム(現フランスのリヨン)で捕らえられて、八月二三日に殺されてしまった。

皇帝を名乗ったマグヌス・マクシムスは、テオドシウス帝と同じくスペイン出身の軍人である。テオドシウス帝の父の指揮下、ブリテン島で軍務に就き、その後北アフリカに転戦、再度ブリテン島に配属になって指揮官を務めていた。マクシムスはテオドシウス帝に、グラティアヌス帝殺害の責任にふれることなく帝位を承認するよう求める使者を送った。当時イタリアには、殺されたグラティアヌス帝の異母弟で、まだ一二歳の共同統治者ウァレンティニアヌス二世がいたが、その領土はまだ保たれており、また帝国東半から直ちに動くことはゴート族の動きを見る限り不安があったので、テオドシウス帝はやむなく、マクシムスを皇帝と認めた。

しかし、グラティアヌス帝の領土を統治するようになったマクシムス帝は、それに飽きたらず、三八七年になって突如、ウァレンティニアヌス二世の支配領域たるイタリアに侵入した。幼い皇帝は東へ、ギリシア北部のテッサロニケにいるテオドシウス帝のもとに逃亡した。この頃になると、定住したゴート族の動きが安定し、ササン朝ペルシアとの講和が成ったこともあり、テオドシウスはようやく西半の問題解決のため出兵する。彼の軍事行動は驚くほど迅速で、バルカン半島でマクシムス軍を破り、北イタリアまで進んでアクィレイア市付近でマクシムスを捕らえ、三八八年八月二八日には処刑した。テオドシウスは帝国西半の支配を確保すると、これをウァレンティニアヌス二世に戻した。

**殺害された皇帝**

ウァレンティニアヌス二世は、この時まだ一七歳であった。グラティアヌス帝を裏切って簒奪者マクシムス帝に寝返ったメロバウデスは、マクシムス帝のもとでも権力を持ち、三八八年に三度目のコンスル職に就いたりしていたが、同年自殺に追い込まれる。帰還した若い皇帝ウァレンティニアヌス二世の統治を補佐することになったのは、やはり「第三の新しいローマ人」で、フランク族出のバウトとアルボガストである。フランク族出といっても、彼らはローマ軍の軍事経歴を上昇してきた、歴とした帝国軍人だった。また、元老院議員や聖職者とも親交を持つ帝国西半のローマ社会の指導的人物でもあった。

バウトは三八〇年に帝国西半の総司令官の地位に就き、軍事の全権を握って、三八五年にコンスルにも就任している。三八八年以前に彼は死んだが、後にその娘エウドクシアは、テオドシウス帝の長子で後継者であるアルカディウス帝の妃となっている。アルボガストは、グラティアヌス帝が叔父のウァレンス帝を助けるために派遣した将軍リコメルの甥である。リコメルは三八四年に帝国東半のコンスルとなり、三八八年から三九三年まで総司令官を務めた。アルボガスト自身も、三八八年にマクシムスを捕らえたテオドシウス帝軍の将軍たちの一人だった。

バウトが死ぬと、アルボガストは総司令官の職に就き、皇帝ウァレンティニアヌス二世を操縦していたが、やがて両者の関係が悪くなった。三九二年の春頃、皇帝は二〇歳を過ぎて、統治の意識を持つようになっていたが、アルボガストの行動に憤り、解任の書簡を出した。しかし、効果はなく、それどころか、ウァレンティニアヌス二世は五月一五日、滞在中のガリアのヴィエンヌの町で死体となって発見された。アルボガストの手による殺害と誰もが思った。

**テオドシウス帝最後の戦い**

アルボガストが替わって皇帝を名乗ると予想される中で、彼は意表を突く行動に出る。八月二二日、アルボガストは修辞学教師のエウゲニウスなる者を皇帝に推戴した。エウゲニウスは、著名な元老院議員シュンマクスによってアルボガストの伯(叔)父リコメルに推薦され、修辞学教師の地位を得ていた人物だった。伝統的なローマ宗教の信仰を持つエウゲニウスは、撤去されていた勝利の女神の祭壇をローマ市の元老院議場に戻させた。

テオドシウス帝は、先のマクシムスの簒奪時のようにエウゲニウスを承認することはしなかった。彼は、すでに三八三年に共同統治者にしてあった長子アルカディウスをコンスタンティノープルに残し、軍を率いて西に向かった。三九四年の九月六日、イタリアの北辺、フリギドゥス河畔で両軍は激突。折からの嵐で調子を乱されたアルボガスト指揮するエウゲニウス軍は、テオドシウスの軍にあっけなく敗れ、アルボガストは自殺し、エウゲニウスは処刑された。

この戦闘の時、テオドシウス帝軍の最前線で戦った、いや戦わされたのは、ゴート族の軍隊だった。戦闘で多くの死傷者を出した彼らは、ローマ帝国政府に著しい不信感を持った。テオドシウス帝の死後、それが爆発することになる。

簒奪者を滅ぼしローマ帝国唯一の統治者となったテオドシウスも、まもなく病に倒れ、次子で前年に共治帝にしたホノリウスをコンスタンティノープルから呼んだ。そして、当時最強の人物をその補佐役とする。スティリコである。彼の母親はローマ人であったが、父がヴァンダル族の出の「第三の新しいローマ人」だった。彼に対するテオドシウス帝の信頼は厚く、姪のセレナを妻として与えていた。フリギドゥス河畔の戦いの後、スティリコはローマ軍の総司令官に任じられる。

三九五年一月一七日、ついにテオドシウスはミラノで世を去った。コンスタンティノープルのアルカディウスは一七歳、ミラノのホノリウスは一〇歳。帝国は二皇帝の間で分割されることとなる。いずれも若年で、補佐を受けねば政治運営をすることはできなかった。

二子に分割・継承されたローマ帝国は、国制上はなお一つの国家であり、「西ローマ帝国」「東ローマ帝国」の呼称は後世考えられたものであるが、便宜上、本書でも用いることにしたい。

### 東西補佐役の対立

東西両帝国のうち、東の皇帝アルカディウスを補佐したのは、ガリア出身の官僚ルフィヌスであった。三八〇年頃コンスタンティノープルに来た彼は、官僚として出世し、テオドシウス治世最末期の三年間ほど、皇帝に次いで高い位のオリエンス道長官職にあった。しかし、テオドシウスが世を去ると、ルフィヌスは西の補佐役、スティリコと鋭く対立することになる。対立点は東西両ローマ帝国の境に位置するマケドニアとダキアの帰属、すなわち領土問題だった。

バルカン半島の北、ドナウ川の南にそれぞれ位置するマケドニアとダキアの両地方は、この当時東の政府の管轄下に入っていたが(当時のダキアはドナウ以南の属州名であった)、スティリコはこの地域がテオドシウス帝即位時に東に管理替えされたもので、本来西の統治が及ぶところと考え、その獲得を目指して東の帝国に要求を強めた。先に三六四年のウァレンティニアヌス一世と弟ウァレンスによる帝国分担を説明したが、この兄弟間、またウァレンティニアヌス一世の死後にはグラティアヌス帝とその叔父ウァレンス帝との間には、政治・軍事面での連携があった。ウァレンス帝の領土を引き継いだテオドシウス帝も、簒奪者を滅ぼしてウァレンティニアヌス二世に西の統治権を戻すなど、東西の帝国間に繋がりがあった。しかし、テオドシウス帝の死後、皇帝の統治ではなく補佐役の独裁となった両帝国は、鋭く対決する事態に陥った。

これを察知したゴート族の指導者アラリックは、三九四年の戦い以来不信感を募らせていた人々を率いて、三九五年の後半、再度移動を始めた。農業を捨てた彼らにとって、生きるために残された道は略奪だった。ギリシアへ向かい、帝国領内を荒らし始めたのである。これに対し、テオドシウス帝から本来唯一の補佐役として若い皇帝たちを託されたと思っているスティリコは、軍を整え、東帝国の軍も指揮下に入れて進軍し、ギリシアの北、テッサリアでアラリックの軍を叩こうとした。ところが、その直前に、アルカディウス帝が東の軍を帰還させスティリコにも西に戻るように命じたため、スティリコはせっかくの機会を失った。この勅令を出させたのが、官僚ルフィヌスだった。スティリコはこれを深く恨み、ルフィヌスと対立する東帝国宮廷の宦官エウトロピウスと結んで、その年の一一月にはルフィヌスを暗殺させた。

二年ほどすると、スティリコに再びチャンスが訪れた。ギリシアを荒らし北上するアラリックの軍を討つため、スティリコはギリシアに軍を派遣した。ところが、再度アルカディウスの軍帰還命令が出た。命令を出させたのは、ルフィヌスに替わって実権を握ったエウトロピウスである。東の政府の実権を握った者は誰であれ、東西境界地域を渡したくなかったのである。

エウトロピウスは、ルフィヌスよりも一層敵対的な措置をスティリコに対しておこなった。コンスタンティノープルの元老院にスティリコを「国家の敵」とする決議を出させるとともに、こともあろうにゴート族のアラリックと手を組み、三九八年には彼を問題の境界地域の軍務を司る「イリュリクム総司令官」に任じたのである。そのため、アラリックは誰に止められることもなく、この地域を搾取し、さらに西に転じた。

こうして、ローマ帝国は、テオドシウス死後数年にして東と西の帝国が対立状態となり、もはや元に戻らぬ明白な分裂状態となったのだった。

## ゴート族を排除せよ

ところが、東の帝国の実権を握ったエウトロピウスは、まもなく失脚した。三九九年のことである。彼はこの年、宦官としてはローマ帝国史上初めて、コンスルという国家最高の公職に就任していたが、一挙に没落した。彼を失脚させたのは、総司令官ガイナスである。ガイナスはゴート族出の将軍で、エウトロピウスが元老院や皇帝の后エウドクシアから嫌われているのをよいことに、小アジアに定住しているゴート族集団のエウトロピウスに対する反乱を利用し、権力の頂点にあったこの宦官を更迭、失脚させた。

その後、このガイナスは反乱軍と合流してコンスタンティノープルに入り、一時権力を握った。しかし、正確な理由は不明だが、半年後にはコンスタンティノープルを退去せざるを得なくなり、その際に退去中の部下のゴート族兵士がコンスタンティノープル市民の手で大勢殺害された。ガイナスの後任の総司令官には同じくゴート族出のフラウィッタが任命されたが、彼もまた、まもなく処刑されてしまう。

この事件の生じた頃、ある人物がコンスタンティノープルの宮廷で、ゴート族出の兵士たちを排斥せよとの激烈な演説をおこなっている。シュネシオスという、北アフリカの都市キュレネの上層市民で、三七〇年頃の生まれ。三九九年、母市の使者としてコンスタンティノープルを訪れていた。今日残される彼の演説は、帝国内で活動するスキュティア(スキュタイ)人を激しく攻撃するものであった。彼のいうスキュティア人とはゴート族のことである。彼は、ゴート族の者たちを軍隊から追い出し、ローマ人の軍隊を作るべきだと主張した。外部部族の者たちは古来ローマ人の奴隷だったのであって、そのような者が軍隊の司令官などにあるのはもってのほか。今のうちに追い払わねばならない。そのためにローマ人は団結しなければ、という。

この演説とガイナス退去・ゴート族兵虐殺事件との関わりは明確ではないものの、この演説に代表されるような、外部部族出の人々に対する嫌悪感が四世紀末の帝国に広がっていたことは見て取れる。また、それと表裏一体の関係を持って、「排他的ローマ主義」と名付けてよい、偏狭な保守的思潮が出てきていることは、重視されねばならない。

日本のローマ史研究の第一人者であった弓削達は、このガイナス事件を、後述する西帝国でスティリコが逮捕・処刑された事件とともに重視し、これらにまつわる現象を「ゲルマン人アレルギー」と呼んでいる。弓削によれば、ガイナス事件後の約二〇年間、東の総司令官に、またスティリコ事件以後の西の総司令官に、ゲルマン人の名を見いだすことはなくなるという。

弓削の見解は、「ローマ対ゲルマン」という現在の学界では問題とされる二項対立の図式を前提にしている。また、近年では、弓削が強調したような、ガイナスの事件をゴート族に対する「ローマ人」の敵意として解釈するのではなく、ガイナスの部下たちに対する個別の敵意や、ゴート兵が信仰するアリウス派の擁護に対する反発などからこの事件を読み解こうとする動きがある。しかし、当時の帝国住民、特にゴート族をはじめとする外部部族集団の圧迫を受けている人々に反発の感情がなかったとは考えにくい。この点をさらに立ち入って考えてみよう。

### 他者としての「ゲルマン人」

三七八年のアドリアノープルの戦い以降、帝国東半はしばらくの間、ゴート族をはじめとする諸部族の移動に苦しんだが、テオドシウス帝によって、彼らは、ローマの年来の政策に従い、移住者として定住、馴化できるように試みられた。彼らの中には、先に見た総司令官ガイナスやその後任のフラウィッタのように、ローマ軍で出世を遂げた者もいたし、帝国政府の要請に基づいて同盟部族となった集団もあった。

改めて確認しておくと、ローマ人は部族集団を個別に認識し、彼らを「ゲルマン人」「ゲルマン民族」などとまとめて一つの「民族」として見るような扱いはしてこなかった。「ゲルマーニー」「ゲルマノイ」という呼称がローマ人の公的言語であるラテン語やギリシア語に存在したが、それは「ゲルマニアの人々」というような曖昧な捉え方にすぎなかった。個々の部族の捉え方も、今日の「民族」とは相当異なっている。例えば、ゴート族は今日一般に「ゲルマン系」と分類されるが、ローマ人はスキュティア人と呼んでいた。スキュティア人は、今日の学術分類ではイラン系の民族である。

ローマ市やイタリアを中心とする伝統的な価値観を持つローマ市民は、森と大河の世界の住人およびその出身者を、「文明」を知らぬ粗野な者と軽蔑する意識を持ってはいたが、その人がひとたびローマ人として相応しい生活や行動をするならば、彼らを受け容れた。民族という考え方を基礎にした近代ナショナリズム的思考は、最盛期のローマ帝国には無縁であった。

ところが、四世紀の最後の四半世紀くらいから、こうした認識に変化が生じてきたように見える。とりわけアドリアノープルでのローマ軍の大敗北、皇帝の戦死は、従来の見方を変える大きな契機になったと思われる。同じような軍事的危機は一世紀前にも生じていたが、その時は見られなかった現象が生じた。外部世界に住む人々、そこからローマ帝国に移ってきた人々を、個別の部族を越えて「ゲルマン人」とまとめて捉え、野蛮視、敵視する見方が成長してきたのである。四世紀後半に活躍したテミスティオスやシュンマクス、そしてミラノ司教アンブロシウスなどの言説を見ると、彼らには伝統宗教とキリスト教という信仰の違いはあっても、外部部族を野蛮視し、これを動物と同じように捉えている点では何ら変わりはなかったと最近の研究は指摘している。もはや、誰でもローマ市民になれ、ローマ帝国はどこまでも拡がる世界である、といった最盛期の寛大な思潮は消え失せてしまったかに見える。ローマ帝国の統合を支えていた「ローマ人である」というアイデンティティは危機に瀕していた。

## 外部部族出身者と皇帝

すでに解説したように、四世紀を通じて、フランク族、アラマンニ族、次いでゴート族、ヴァンダル族などの外部部族出身者が皇帝に認められて重用され、大きな権力を持つようになった。私が「第三の新しいローマ人」と呼ぶ人々の中には、既存のローマ国家の公職体系で最も権威あるコンスルにまで到達する者すら現れた。リコメルのように一流のローマ貴族と親交を持つ者も多く、バウトのようにキリスト教徒として評価された者もいた。そして、彼らの昇進とともに、外部部族出身者から成る軍隊もまた、帝国にとって非常に重要な存在となった。

しかし、ローマ軍が外部部族に大敗北した四世紀後半以降、国家を守る軍隊で外部部族出身者から成る部隊が重視され、国家を動かす司令官・重臣も外部部族出身者となった中で、こうした状況を危惧し、批判する思潮が出てきた。先に見たシュネシオスの演説にあるような露骨な排斥論すら登場してくることになる。

実は、この「第三の新しいローマ人」の台頭を見ると、重要な特徴があった。彼らの台頭は、コンスタンティヌス大帝以来、皇帝が主導して登用し昇進させてきた結果である。帝国統治をあずかる皇帝としては、出自などを気に掛けることなく、有為の人材を登用してきたにすぎない。テオドシウス帝は三九〇年、自身の部下である守備隊の司令官が殺害された報復として、ギリシアのテッサロニケの住民を殺害する命令を出し、かのミラノ司教アンブロシウスに破門されて懺悔することになったが、皇帝が報復殺害を命じるほどその死に怒ったという部下の司令官ブテリクスは、ゴート族出の軍人だった。テオドシウスはさらに、ヴァンダル族出のスティリコに姪を嫁がせたし、その子ホノリウス帝はスティリコの娘を次々と妻とし、アルカディウス帝もフランク人将軍バウトの娘エウドクシアを妻とするなど、姻戚関係を結んだ。しかし、ローマ市の元老院議員など、帝国西半の支配層には、親交はあってもこうした姻戚関係は見当たらない。「第三の新しいローマ人」の台頭と権力は、ひとえに皇帝にかかっていたのである。そのため、皇帝の権威や指導力が弱まれば、彼らに対する反発が容易に噴き出すことになった。

### エスニシティの形成

他者としての「ゲルマン人」という認識ができあがっていった背景には、外部部族出身者の政治・軍事における比重の増加だけでなく、彼ら部族のエスニシティ形成もまた背景にあると私は考える。外部部族は従来、帝国領内で暮らすようになると、「ローマ人」となることに努め、ローマ風の生活様式を取り入れるようにした。それは、何よりもまず言葉（ラテン語）の使用であったが、それと変わらぬくらい大切なことは、ローマ人らしい装いであった。

すなわち、ローマ市民は男女とも長髪にしなかったし（女性は長い髪を結いまとめた）、平時はゆったりとしたトガやトゥニカの類いを着用して、「ズボン」をはかなかった（図1－11参照）。長髪やズボン、毛皮の外套などを着用するのは、「文明」を知らぬゲルマニアの民の野蛮な習俗と軽蔑された。しかし、アドリアノープルの戦い以降の急増する外部部族の移動や流入によって、「ローマ人である」要件に反する装いが帝国領内にかなり見られるようになり、五世紀に入ると、ますます目に付くようになる。西のホノリウス帝が三九七年以降に発布した法律で幾度も、ローマ市内で「ズボン」を着用することや頭髪を長くすること、また毛皮の外套を着ることを禁止するに至ったほどである（幾度も法律が出ているのは、効き目がなかった証拠である）。この当時、外部諸部族は、衣装や髪型、武器、装飾品そして出自神話などを核として、自分たちのエスニシティを形成していく時期を迎えていたのである。

四世紀後半の外部諸部族を「ゲルマン人」として一括りにし敵視する他者認識は、一方で「ローマ人である」ことを高く掲げる動きでもあった。しかし、幾度も述べているように、「ローマ人」なるものは非常に曖昧な存在である。また、それゆえに、ローマは巨大な帝国を築き統治することができた。「ローマ人」を「ゲルマン人」に対比してその優秀さを説く言説は、ローマ帝国形成の歴史をその深部で理解してはいない、偏狭な保守的思潮にすぎず、当時帝国が直面していた問題を何ら解決するものではなかった。

**排他的体制の成立**

外部世界の人々を「ゲルマン人」として差別化する、排他的な姿勢は、丁度同じ時期に進んだキリスト教の国教化にも通じるものであった。帝国のキリスト教化は、特にウァレンティニアヌス朝の皇帝の時代に、政治家司教アンブロシウスの手にかかって、他の宗教の排除とともに急速に進む。つとに弓削が指摘しているように、アンブロシウスの考えるローマ帝国とはキリスト教徒たる「ローマ人」の排他的な共同体であり、「蛮族」は排斥されるべき存在であった。そして、テオドシウス帝の治下で、ローマ社会の人々の信仰の自由は一気に失われた。伝統的なギリシア・ローマ宗教は厳禁される。さらに五世紀になると、伝統宗教を信じる人々がキリスト教徒によって迫害され、惨殺される事件まで生じた。キリスト教内部でも異端とされたものは、徹底的に排除されるようになった。本来寛容を重視するキリスト教は変質した。こうして、著しく不寛容な宗教体制が完成する。

しかし、国家維持という点で、とりわけ軍事の面で、ローマ帝国には外部部族出身者や同盟部族軍の協力なしにはやっていけない現実があった。そうした現実の中で、帝国の上層市民の間に「排他的ローマ主義」といってよい偏狭な保守的思潮が生まれてきたことは重大である。「戦争は行かない人がやりたがり」との川柳があるが、帝国の軍事を帝政初期から新興勢力に委ねて忌避してきた伝統貴族には、勇ましい発言をするだけで、きつい仕事は他人任せの無責任さがあった。排他的ローマ主義は、民衆や兵士の一時的な人気、支持を誘って皇帝政府内部を変える力は持ち得たが、もっと大きな、世界帝国が抱える外部世界との問題には、遠吠えの役割しか果たさなかった。そして、帝国フロンティアでは、そうした遠吠えなど何の意味もない、もっと深刻な事態があった。次に話を帝国の西半部に移して、激動する世界を見てゆこう。

**イタリアに入るゴート族**

アラリック率いるゴート族軍は、四〇一年の一一月、ついに北イタリアに入ってミラノを包囲した。この時スティリコはミラノを離れていたが、軍を各地から集めて、アラリックを撃退しようとする。実際、翌四〇二年のポレンティアの戦い、次いでヴェローナの戦い、二度の合戦で撃退に成功した。この年、アラリック軍の危険を避けて、西ローマ帝国の宮廷は、ミラノから要衝であるラヴェンナに移った。

スティリコは、イタリアを守るために、ブリテン島やガリアのフロンティアから軍を集めた。皇帝の親族でローマ貴族であるスティリコにとって、皇帝所在地やイタリアを守ることは当然と思われたかもしれない。だが、彼のとった措置は、長年ローマ帝国が維持してきた帝国西半のフロンティアの統御を犠牲にするものだった。

アラリックの脅威を退けてすぐ、また新たな危険がイタリアに迫った。フン人に追われたゴート族の一派が、ラダガイススに率いられて西に向かい、他の部族も糾合して大軍になった(図6-2)。五世紀のオロシウスの記述に拠れば、ラダガイススのゴート族軍だけでも二〇万人、ゾシモスの歴史書は総勢四〇万人と伝える。四〇五年、彼らはアルプスを越え北イタリアに侵入した。

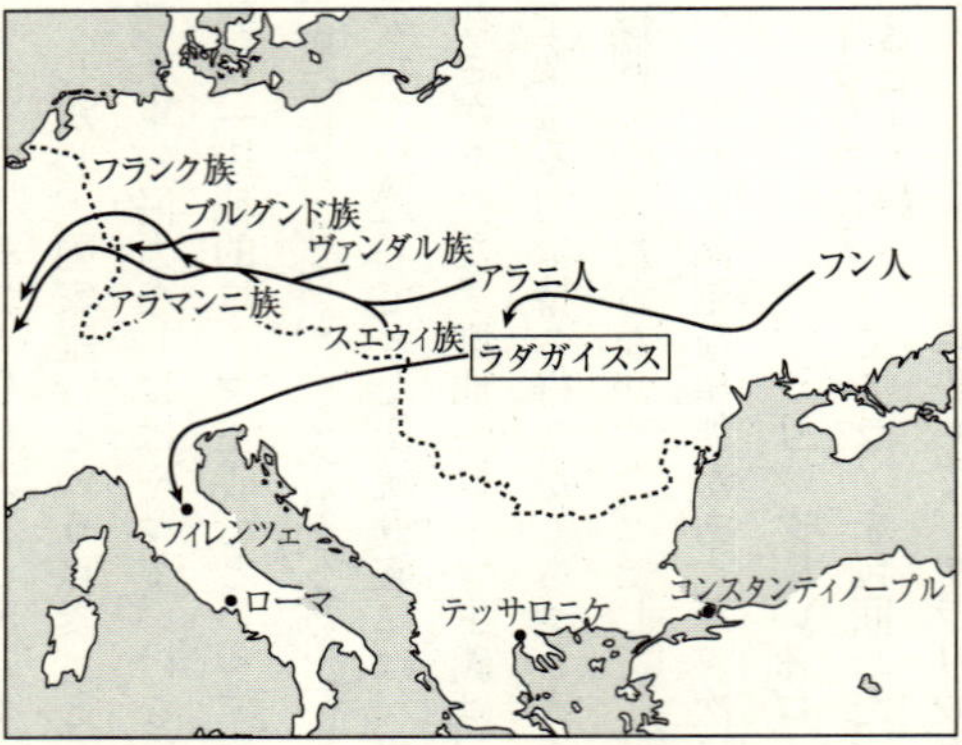

図6-2　フン人の移動とガリアへの「大侵入」

フィレンツェを包囲したこの混成軍に対し、西ローマ帝国皇帝政府も、スティリコの指揮下、帝国軍だけでなくフン人やアラニ人などを集めた混成軍で立ち向かい、フィエーゾレで敵を撃退した。スティリコは、二度にわたってイタリアを救ったことになる。

### ガリアへの「大侵入」

だが、ラダガイススは敗れ去っても、この時の混成軍の残余は、イタリアの大きな脅威として北の地にとどまった。さらに、四〇六年の大晦日、今度はヴァンダル族、スエウィ族、そしてアラニ人の諸集団が、現ドイツのマインツ市あたりで、凍っていたにちがいないライン川を渡り、属州に入った。ライン川のフロンティアでは、イタリア防衛のためにローマ軍がスティリコに呼び戻されていたから、侵入を撃退することはできなかった。以後、外部部族がライン川より東に押し戻されることはなくなる。

属州に侵入した集団は、ローマ軍の同盟者だったフランク族を退けて西進し、一部は北へ、一部は南へと向かった。これが、ローマ帝国西半において五世紀後半まで続くガリアへの「蛮族の大侵入」の幕開けである。先のラダガイスス侵入事件の頃、ガリア統治の拠点はトリーアから南部のアルルに移っていたが、この大侵入により属州都市の上層市民たちも避難した。特に、ガリアの有力者たるセナトール貴族たちの中には、ガリア南部やイタリアに移り住む者も出た。しかし、多くの属州住民にはそうしたことは不可能で、その地にとどまった。都市民や小規模な地主、農民たちは、移動する諸部族の力をまともに受けることになった。ライン渡河地点に近いマインツは破壊され、トリーア、トゥルネ、アミアン、アラスは荒廃し、繁栄していたローマ風都市やウィッラ(農業屋敷)の数々が略奪の上、放火された。遠く現パレスチナのベツレヘムの地で事件を聞いた聖ヒエロニムスは、「ガリアが松明《たいまつ》のように燃えた」と書いている。

ブルグンド族とアラマンニ族もこれに続いてライン川上流を渡って属州に入り、現在のストラスブールなどの都市を攻略した。ライン川方面のフロンティアにおけるローマ帝国の統御能力は、まったく失われたのである。

## 「大侵入」の実態

しかし、注意すべきことに、「蛮族の大侵入」のイメージ、すなわち大軍が侵攻して破壊と暴力、略奪をほしいままにしたという歴史像に対しては、二〇世紀の後半以来、学界で修正意見が数多く出されている。まずは移動した人々やその中に含まれる戦闘員、つまり兵士の数について、史料に見られる数字はにわかに信じ難く、誇張だと解釈されるようになった。代わって提案された推定人数もきわめて小さい。例えば、四〇六年の大晦日にライン川を渡った集団についても、第一の史料が一五〇年後のものであり、他の史料との整合性の問題など難点を抱えている。何万人、何十万人もの大勢の部族集団が侵攻してきたのではなく、数百人程度の戦闘員を持つ集団と見るべきと主張する意見が出てきた。さらに、侵攻を受けたガリアの悲惨さを伝えてきた史料の正確さに関する疑問も出されている。移動した人々が暴力の限りを尽くして、住民の生命を奪い既存の生活環境を破壊したという歴史像も修正すべきで、暴力を過大評価せず、移住者の「順応」を強調する見解も一定の評価を受けている。

ここで結論を出すことはできないが、少なくとも「民族大移動」「蛮族の大侵入」については、歴史家、研究者が生きた時代ごとの「移民」「移住」そして「難民」のイメージが歴史解釈に影響していることに留意すべきだろう。第二次世界大戦のナチス・ドイツ軍侵攻のイメージが強烈に残っている時期は、部族の移動のスケールやローマ世界を破壊する暴力がたいそう大きいものと想定されていた。しかし、二〇世紀後半の多文化主義の時代になると、移動の規模や破壊や暴力の程度は低く評価されるようになった。諸部族は破壊して新しい世界を作り上げたというよりも、旧ローマ帝国に「順応」していったと考えるべきだとされた。一方、近年ではまた、こうした見方では諸部族の移動の意義を過小評価することに繋がるという批判も出されている。二〇世紀末以降の世界の、戦争や内紛などとどまるところを知らぬ争いごとやそれによって派生する難民と廃墟が、再び古代の終焉期のイメージを変えているといえるかもしれない。

四〇六年末の事件については、数字のデータだけでなく、移動の経路、集団の構成について史料が乏しく、わからないことが多い。しかし、現在のドイツ西部からオランダ、ベルギー、フランス北部にわたる地域が大きな被害を受けたことについては、都市やウィッラの考古学調査から否定し難い。かつてギボンは『衰亡史』の中で、四〇六年末の諸部族の侵攻について、「すべてを焼きつくす戦争の業火は、ライン河の岸からガリア十七の属州の大部分に拡がった」(朱牟田夏雄訳)と書いている。ギボンが考えたほど到る所が破壊し尽くされたわけではないかもしれないが、この侵入を機会に使われなくなったローマ都市や村々、そしてウィッラは数多いのである。

**ブリテン島の離反**

諸部族のガリア侵攻は、大陸から離れたローマ帝国属州であるブリテン島にもゆゆしい事態を招くこととなる。ブリテン島では、コンスタンティヌス大帝がこの島のヨークの町で皇帝に推戴されてからちょうど一〇〇年目にあたる四〇六年からその翌年にかけて、三人の人物が皇帝に推戴された。まず軍人のマルクス、ついで都市参事会員のグラティアヌス。いずれもすぐに軍隊に殺害された。しかし、三人目の、その名も「フラウィウス・クラウディウス・コンスタンティヌス」というキリスト教徒の兵士は、そうではなかった。縁起のよい名前だとして皇帝に担ぎ出されたこの人物は、二人の息子の名をユリアヌスとコンスタンスに改名して、二年後には共治帝とした。

四〇七年、この簒奪皇帝コンスタンティヌス、一般にコンスタンティヌス三世と呼ばれる人物は、ガリアに侵入した諸部族を退けてブリテン島とローマ帝国属州との連絡を確保するべく、軍隊を引き連れて大陸に移った。そして、東からの侵入者を抑えつつ、南フランスに達して、アルルに根拠地を置いた。さらに、スペインまで支配下に入れようと、息子の一人を送った。しかし、東から侵入した諸部族がイベリア半島にまで到達すると、息子に付けた部下ゲロンティウスを解任しようとして、彼の反乱を招いてしまう。

ブリテン島を護るはずの軍隊を引き連れた彼の行動は、この地域、帝国の最北のフロンティアの統御の放棄を意味した。四〇九年になると、コンスタンティヌス三世の任じた「ローマの総督」が放逐され、ブリテン島は大陸の僭称皇帝の命令に従わなくなった。また、イタリアの政府から正統的な皇帝がこの島に来島することが期待されていたのであろうが、それはなかった。四一〇年にホノリウス帝から、ブリテン島の民は自分の町を自分で護れとの指示が来ただけであった、と史料は伝える。この史料は五〇〇年頃のコンスタンティノープルで書かれたため、多くの疑問が寄せられているが、この頃に生じた外部部族、おそらくサクソン族のブリテン島襲撃は、島民自身の力で撃退されたことも伝えられている。ローマの統治や軍隊がなくとも、島民は自立できるようになっていたのだった。

### 「帝国」の消滅

このように、スティリコのライン・フロンティア地域からの軍隊召還は、結果的にフロンティアを帝国の統制下に置いてきた長年の政策を止めてしまった。従来歴史家は、この五世紀初めの出来事について、ブリテン島とガリア北部でのローマ支配の消滅として、地域的な影響・意義しか捉えてこなかったが、私は、この時点でローマ帝国の「帝国」としての意義が失われたと解釈する。私は第一章で、担い手も境界も曖昧なローマ帝国を実質化している要素として、軍隊、特に「ローマ人である」自己認識を持つ兵士たちの存在と、「ローマ人である」に相応しい生活の実践、そして支配を共にする有力者の存在をあげたが、四〇五年から生じた一連の出来事によって、これらが帝国西半から消え去ってしまったからである。

イタリア防衛のために、そしてコンスタンティヌス三世の簒奪とガリア移動のために、帝国西半のフロンティアを統御する軍隊はいなくなった。先述のように、ホノリウス帝はブリテン島の町々に対して、自分たちで町を護れと命令したと伝えられる。ローマは征服地に対して税を課し、軍事はローマ側の役割でかつ義務としてきた。ホノリウスの回答は、この義務の放棄を意味した。フロンティアの軍隊がいなくなったと同時に、ローマ帝国の曖昧な境界を実質化していた兵士たちの「ローマ人である」という自己認識も消え失せた。

長い間、フロンティアから帝国属州へと移った人々は、「ローマ人」たらんとしてきた。四世紀末になっても、ゴート族の首領アラリックをはじめとして、帝国内に入った外部部族の指導者たちは引き続きローマ帝国の公職、肩書きを欲しがった。しかし、広く見れば、「ローマ風生活様式」に基盤を置く「ローマ人」らしさは、最盛期の頃ほど人々の規範として機能しなくなり、惹きつけるものではなくなっていた。帝国内にも多様な風俗が持ち込まれた。先にふれたようなローマ市内での長髪、ズボンや毛皮の外套の着用は、まさにそれを表している。「ローマ人である」に相応しい生活の場である都市も、移動してくる民には魅力的ではなかったようだ。そもそも一世紀末に『ゲルマニア』の中でタキトゥスは、ゲルマニアの民は住居を接して暮らすことを嫌悪している、そのために都市がない、と記している。四世紀半ばにライン河畔の中心都市ケルンを一時占拠したフランク族の人々は、占拠したにもかかわらず市域内に居住しようとしなかった。アンミアヌスは、外部部族が都市を墓地のごとくに避けていると記す。都市を基盤とするローマ帝国の統治は、移動者たちには適合しなかった。

こうして、長らく帝国を基礎づけてきた「ローマ人である」に相応しい生き方、生活は、ローマ帝国を実質化する力を失った。そして、「ローマ人である」自己認識、アイデンティティは変質してしまい、偏狭な保守的思潮、「排他的ローマ主義」として表出したのだった。

さらに、フロンティアでは、ローマ支配に組み込まれていた有力者層が、住民を直接支配下に入れてローマの統治システムから離れるようになった。外部部族が侵入したガリアの大半の地域では、外からの新しい勢力が在地の有力者を吸収したり、所有者が逃亡したウィッラなどに住民が集まって勢力を成すようになったり、逃亡しなかった所領主のもとに住民が集まって勢力を形成するなど、いくつかの新しい形態が生まれてきたが、いずれにしても、もはやローマ政府から派遣される役人などを必要とはしなくなった。ローマは支配のための「共犯関係」にあったはずの有力者の力も失ったのだった。

以上に述べてきた一連の事件は、西半の帝国の最高司令官スティリコの行動にも甚大な影響を及ぼした。ラダガイススのイタリア侵入、諸部族のガリア侵攻、それに続くブリテン島からのコンスタンティヌス三世のガリア侵攻は、マケドニアとダキアを確保することを計画していたスティリコに、作戦行動の延期を強いたからである。この頃、

**スティリコの失脚**

ゴート族の一派を率いるアラリックが歴史の舞台に再登場する。四〇二年に北イタリアでスティリコに敗れて以来、アラリックの動静は史料には記されていない。ここで再登場したアラリックは、驚くべきことにスティリコと同盟関係にあった。スティリコは、アラリックにイリュリクム総司令官の職を与えて、ローマ帝国軍の同盟者とし、マケドニアとダキアを確保する作戦に使おうとしていた。

ところが、この作戦が一連の事件で幾度も延期になった。アラリックは怒った。四〇七年から四〇八年にかけて、アラリックはノリクム地方(現在のオーストリアあたり)に移動する。スティリコは作戦のためにアラリックを味方にしておく必要があると見て、アラリックの要求に応じて、四〇〇〇ローマ・ポンドという巨額の賠償金を支払った。このことが、西の帝国政府内でスティリコに対する大きな不満、非難を招くことになる。

こうした状況のスティリコに、また別の難題が降ってきた。四〇八年、東の皇帝アルカディウスが世を去り、四〇一年生まれの幼いテオドシウス二世が即位することになった。西のホノリウス帝は、兄の葬儀に参列し、新皇帝の叔父としてその存在を知らしめたいと考えた。ホノリウスも二〇歳代の半ばに達しており、皇帝としての意識が芽生えていた。

しかし、スティリコはこれに反対した。現在の情勢では皇帝がイタリアを離れるのは得策ではない。むしろガリアにいる簒奪者コンスタンティヌス三世を討つべきであり、東へは自分が皇帝の使節として出かけることにしたい。このように具申したのである。ホノリウスにとってスティリコは、単に補佐や重臣ではなく、義父でもあった。ホノリウスはスティリコの長女マリアを妻とし、子のないまま彼女が死ぬと、次は次女のテルマンティアを妻とした。これまではスティリコの助言が通って、スティリコの策が実施されてきた。しかし、今度は違った。皇帝の意志が通りそうになったのである。

皇帝とスティリコの不和は、スティリコの政敵の陰謀を招いた。書記官長のオリュンピウスの策動で、スティリコは息子を帝位に就けようとしているというでっち上げの反逆罪で逮捕されてしまう。陰謀を信じたホノリウス帝の命令で、あっという間にスティリコは処刑された。西の帝国は、それまで幾度もイタリアを護った人物を、陰謀で葬り去ってしまったのである。その年の暮れには、スティリコの妻でテオドシウス一世の姪であったセレナも処刑された。

しかも、スティリコの失脚・処刑後まもなく、ローマ軍の一部が暴動を起こし、同盟部族軍の家族を虐殺するという一大事を引き起こした。先に解説した「ゲルマン人」を敵視する意識が、この時現実の暴力的な行動となったのである。思いもよらぬことで増強されたアラリックの軍は、ローマ市に向けて動き出す。

### ローマ市に迫るゴート族軍

怒った同盟部族軍は、その数三万名と伝えられるが、アラリックの軍に合流した。思いもよらぬことで増強されたアラリックの軍は、ローマ市に向けて動き出す。

広大な属州の実質的な支配圏を失ってイタリアの地方政権となったラヴェンナのローマ皇帝政府は、この後、状況を理解しない稚拙な外交を重ね、恐怖に震えるローマ市の民の救済をはかるどころか、アラリックをさらに怒らせるような行動をとった。ローマ市は飢餓状態に陥り、そこに迫ったアラリックの軍も、補給を得られずに疲弊していた。「永遠の都」といわれたローマ市は、実質的に「都」でなくなって久しく、帝国統治の中でその意義をすでに失っていたが、一〇〇〇年の歴史によって築かれた理念と象徴としての意味は残っていた。しかし、それもまた、四一〇年八月、城門に迫るアラリック軍の前に、風前の灯火となった。

# 終章　ローマ帝国の衰亡とは何であったか

**わずか三〇年での崩壊**

四一〇年八月二四日にローマ市になだれ込んだアラリック率いるゴート族中心の軍隊は、飢餓状態でかつ伝染病がはびこりすでに地獄絵のごとき状況だった永遠の都を占領し、三日間、殺戮・略奪をはたらいた。次いでイタリア半島を南下、アラリックの死後も移動を続けて、今度はガリアに転じた。さらにイベリア半島にまで達した彼らは、ヴァンダル族の一派やアラニ人を攻撃するが、四一八年にはガリアに定住地を得る。ゴート族はローマの同盟部族として、西ローマ皇帝政府から南西ガリアに土地を割り当てられたことになっているが、事実上の独立勢力で、皇帝政府は何らその統治に関わることはなかった。

ライン川を渡ってガリアに侵入した諸部族がイベリア半島に到達し、またブリテン島がローマの統治から離反した四〇九年、北アフリカなど帝国西半の一定部分はまだローマ帝国領ということになっているが、この年以降、西ローマ帝国政府にはもはや実質的な「支配」、「統治」

をする力がないことが露見していく。皇帝ホノリウスはラヴェンナに籠もり、将軍コンスタンティウスがゴート族の対応に当たったが、ガリアの地はゴート族やヴァンダル族など、続々移動してきた部族同士の駆け引きや戦いの場になった(図7－1)。ガリア南部に残っている帝国領を支配するため、ガリア道長官がアルルに駐在したが、やがてガリア自体が独自色を強めて、皇帝政府に従わなくなる。四二九年には、西ローマ宮廷内の対立が引き金になって、ヴァンダル族がイベリア半島から北アフリカに渡り、まもなくこの地を支配下に入れることともなる。こうして、四二三年のホノリウス帝の没後それほど時を経ずして、ローマ帝国は西方において、イタリアの一地方政権に落ち込んでいったのである。その後、将軍アエティウス(三九六頃～四五四年)が続々移動してくる部族集団に、五世紀半ばになるとフン人に対抗したが、一地方政権が、防衛のため、その時々の諸部族間の力関係を利用して連合軍を組織しただけにすぎない。

図7-1　420年頃の旧西ローマ帝国領

このように、すでに国家を統治するローマ皇帝の存在意義は失われており、四七六年には最後の皇帝が傭兵部隊の隊長に廃位されてしまう。この事件は、今日では「西ローマ帝国の滅亡」としてすこぶる重要なものとされているが、同時代の人々はさして重視しなかった。四七六年をもってローマ帝国は滅亡したと認識されるようになったのは、次の世紀、六世紀の歴史書などが最初である。世界史の中では、残りわずかの線香の火が消えたような出来事だった。

こうして、五世紀のローマ帝国西半の歴史的な動きを見るとき、五世紀初めに「帝国」としてのローマは滅亡したといってよいことがはっきり了解される。ローマ帝国は四世紀の三七〇年代中頃まで、対外的に決して劣勢ではなかった。しかし、その大ローマ帝国があっけなく崩壊した。帝国軍が大敗北したアドリアノープルの戦いが三七八年。諸部族のガリアからイベリア半島までへの侵攻とブリテン島の支配権喪失が四〇九年。ローマ帝国はごくわずかな期間に帝国西半の支配圏を失ったのである。政治史から見た場合、ローマ帝国の黄昏は短く、夜の闇は一瞬に訪れたかのごとくである。史上空前の繁栄を現出した大国家が、三〇年という年月で潰《つい》え去ったのだ。

## アイデンティティの変質

五世紀初めに、軍事的な劣勢のみならず、帝国を実質化していた不可欠の構成要素も喪失して、ローマは事実上帝国であることをやめた。国家の変容は四世紀を通じて徐々に進んだが、それが負の面を顕在化させたのは、四世紀も終わり頃のことであり、その後の短期間に、ローマ帝国は、単に軍事的に敗退しただけでなく、国家の意義をも失ったことを確認しなければならない。

いうまでもなく、ローマ帝国は「ローマ人」の築いた国家である。その歴史はティベリス河畔の一都市に始まり、「ローマの元老院と人民」(SPQR)という国家の呼称は、イタリア、中でもローマ市に結びついていた。直接支配する領土が拡大して、「ローマ人」の内実は故地ローマ市からもイタリアからも遊離したが、広大な最盛期の帝国にまとまりがなかったのではなく、しっかりと国家は統合されていた。その基軸となった思想は、一般に「ローマ理念」と呼ばれる、故地ローマ市を抽象化して普遍的な価値を持つとする考え、と説明されることがある。この説明はローマ帝国の後世への影響という観点から重要であるが、第一章で述べたように、私はより具体的に、ローマ帝国に統合を与えていたのは、「ローマ人である」というアイデンティティと考えたい。ローマ帝国とは、広大な地域に住む多様な人々を、「ローマ人である」という単一のアイデンティティの下にまとめ上げた国家であった。異なった文化や歴史的背景を持った、まったく見ず知らずの人々にも、このアイデンティティが「私たちローマ人」という感覚を共有させていた。ラインやドナウのフロンティアで、また寒風吹きすさぶブリテン島のハドリアヌスの長城で守備につく兵士たちも、「ローマ人である」「私たち」のために戦っていたのである。

「ローマ人である」ことは抽象的な概念ではなく、その内実は、軍隊や生活様式など具体的な要素であった。しかし実際には、「ローマ人である」というアイデンティティは国家を統合するイデオロギーとして作用した。しかも暮らしに密着した具体性を備えていたから、ローマ帝国に参加することによってより良い状況になれるという期待を保証するものだった。それゆえ、周囲の人々を帝国に招き寄せたし、とりわけ有力者たちの利害に合致していた。その結果、ローマ帝国は魅力と威信を持つ、「尊敬される国家」たり得たのである。

しかし、四世紀の後半、諸部族の移動や攻勢の前に「ローマ人」のアイデンティティは危機に瀕し、ついに変質した。そして、新たに登場した「ローマ」を高くかかげる思潮は、外国人嫌いをともなう、排斥の思想だった。つまり、国家の「統合」ではなく「差別」と「排除」のイデオロギーである。これを私は「排他的ローマ主義」と呼んだが、この思想は、軍事力で実質的に国家を支えている人々を「野蛮」と軽蔑し、「他者」として排除する偏狭な性格のものであった。この「排他的ローマ主義」に帝国政治の担い手が乗っかって動くとき、世界を見渡す力は国家から失われてしまった。国家は魅力と威信を失い、「尊敬されない国」へと転落していく。

### 「西」と「東」の違い

三七〇年代に最初に諸部族の移動の影響を受けるようになったのは、帝国の東半であった。しかし、崩壊したのは西半である。この結果の違いは、すでに指摘したように、政治構造の違いにまずは起因すると思われる。帝国東半では皇帝政府の権力が強いのに比して、西半では在地の有力者が強い力を持っており、皇帝政府が地域を把握していなかった。そのため、「帝国」という看板のもとに持てる力をまとめ上げて外部に対抗できるようなメカニズムが働かなかった。国家を構成する勢力が帝国から容易に離反する素地があったのである。

こうした政治構造の違いに加えて、政治の担い手の違いも注目される。激動の時期に、西半では、高位の政治指導者から「第三の新しいローマ人」の姿が消えているのである。ホノリウス帝の下で西ローマの政治・軍事を指導し、一時共治帝にもなった将軍コンスタンティウスは、ナイッスス(現セルビアのニシュ)生まれの軍人で、「第二の新しいローマ人」と同じ出自である。西ローマ帝国政府の高官もイタリアの伝統的な貴族家系出身者らが占めるようになり、東の政府や軍隊に再び外部部族出身者が採用されるようになったことと著しい違いを見せている。

四世紀から五世紀にかけての時期は、政治だけでなく、住民の移動や宗教の変化など社会のあらゆる面で激動の時代であった。その時代を生きる人々の価値観や規範も大きく揺らぎ、変化した。その時期に、世界情勢を見ない排他的な政治思潮が現れて、帝国政治に影響してしまったことが、西半における帝国ローマの命取りとなったのである。

## ローマ帝国衰亡史の意味

本書は、栄えていた国が滅びるとはどういうことか、当たり前の存在と思われていた世界が動揺し崩壊するというのはどういうことか、こうした問いに答えるため、ローマ帝国を取り上げその最盛期を説明した上で、四世紀以降の政治過程を語ってきた。衰亡史を描くためには、衰亡の原因を明らかにしつつ叙述しなければならないが、個別の衰亡原因の探求はもうすでに充分といってよいほどになされてきている。いま、より大切な作業は、個別の衰退原因論を踏まえながらも、二一世紀を生きる者の眼で、新しい視座から広く歴史的展開を眺めてみることではないか。

では、この課題に挑戦した結果、ローマ帝国の衰亡とは何であったといえるだろうか。それは、「ローマ人である」という、帝国を成り立たせていた担い手のアイデンティティが変化し、国家の本質が失われてゆく過程であった。それが私の描いた「ローマ帝国衰亡史」である。

ローマ帝国は、一般に語られているのと異なり、四世紀のかなり遅い時期まで強勢であった。そして、四世紀の終わり頃からの怒濤のごとき政治的・軍事的な動きの中で、西方におけるローマ帝国は短期間で崩壊した。政治過程をそのように理解した上で、もっと広い視野から見てみれば、「衰亡」はより深い意味をともなって理解される。

すなわち、最盛期のローマ帝国は、担い手も領域も曖昧な存在であったにもかかわらず、一つの国家として統合され、維持されていた。そして、その曖昧さこそが、帝国を支える要件であったのは、本書で見てきたとおりである。そうした曖昧さを持つローマ帝国を実体あるものとしたのは「ローマ人である」という故地に由来するアイデンティティであった。アイデンティティなるものは本来、他と区別して成立する独自性を核としている。にもかかわらず、最盛期のローマ帝国がこのアイデンティティの下で他者を排除するような偏狭な性格の国家とならなかったのは、それが持つ歴史とその記憶ゆえであった。ローマ帝国には、あのリヨンのクラウディウス帝演説の銅板に刻まれているように、外部から人材を得てきた歴史があり、その記憶があった。そうした王政・共和政時代以来の国家発展の歴史を認識し記憶することにより、人々は偏狭な自己認識に陥らなかったのである。

だが、そうしたローマ国家が、四世紀以降の経過の中で徐々に変質し、内なる他者を排除し始めた。高まる外圧の下で、「ローマ人」は偏狭な差別と排除の論理の上に構築されたものとなり、ローマ社会の精神的な有様は変容して、最盛期のそれとはすっかり異なるものとなった。政治もそうした思潮に押されて動くことによって、その行動は視野狭窄で世界大国に相応しくないものとなり、結果としてローマ国家は政治・軍事で敗退するだけでなく、「帝国」としての魅力と威信をも失っていった。

こうした事態に至らしめた原因は、当時の統治能力の欠けた皇帝や「世界」を読めない無能な政治担当者の行動のみに帰されるべきではないだろう。激動の時代に生きた人々の自己理解、他者認識が変化して、国家の本質が失われていったからである。

ローマ帝国は外敵によって倒されたのではなく、自壊したというほうがより正確である。そのようにローマ帝国の衰亡を観察するとき、果たして国を成り立たせるものは何であるのか、はるか一六〇〇年の時を隔てた現代を生きる私たちも問われている、と改めて感じるのである。

# あとがき

繁栄を極めた国はいずれ衰える。本書の読者の中には、著者はローマ帝国に仮託して現代のどこかの国のことを描いているのではないか、その国とはアメリカ合衆国のことだろうか、ヨーロッパ連合(EU)か、それとも中国、ロシアあるいは日本のことか、このように考えた方もおられるかもしれない。本書では、現代と露骨に引き比べるような言説は控え、歴史書たることに努めたが、私がどこかの国をローマ帝国に仮託したかどうかはともかく、読者が本書の叙述から現代世界と日本の状況を考える視点を見つけ出してくださるなら、著者として本当に嬉しく、有り難く思う。

本書に対して、私が最盛期のローマ帝国を理想化しすぎているとのご批判があるかもしれない。私がローマ帝国を理想視しているわけではないことは、前著『海のかなたのローマ帝国――古代ローマとブリテン島』(岩波書店)をご覧くだされればおわかりいただけようが、本書では衰亡を論ずるために、最盛期の帝国をやや高く評価したところがあるのは認めざるをえないだろう。また、本書は経済も文化も地中海周辺地域の動向も扱っていない。この偏りは、新書一冊の紙幅で試論的な衰亡史を書くというその趣旨からご海容いただくしかないが、叙述に先立ち、一つの時代を動かす政治の巨大な力をまずは捉えたいという想いが強くあったことは事実である。キリスト教についても簡単に触れたにとどまるが、キリスト教をストア哲学とともに歴史家の立場から検討することをこれからの研究課題としたいので、あえて触れなかったところもある。私の考えでは、本書が描いた四世紀に、不寛容なキリスト教が社会を、そしてローマ帝国を変えていったのではなく、キリスト教もまた、社会とともに不寛容になったのであった。そうした変化の真の動因は何か、これを今後探求したいと思う。

私は、本書執筆にあたって、A・H・M・ジョーンズの古典的研究から近年のP・ヘザーの壮大な歴史叙述に至るまで、幾多の欧米の研究から学び、またわが国の先行研究からも多くを教えられ、叙述に取り入れもした。もっとも、優れた先行研究に学びながらも、頑固に自分の解釈に拘ったところも少なくない。新書の体裁に合わせて、本書では叙述に際して依拠した史料や研究文献を註記しなかったが、日本語の参考文献については、所属大学の定期研究報告書『西洋古代史研究』(ISSN1346-8405、本誌はインターネット公開されている)の最新号において公表する予定である。ここでは研究者のお名前のみ記させていただく。本書が扱った分野の大先達である秀村欣二氏、弓削達氏、長友栄三郎氏、数多くの貴重な業績をお持ちの佐藤彰一氏、松本宣郎氏、豊田浩志氏、後藤篤子氏、足立広明氏、浦野聡氏の皆さんのお仕事から、私は研究の基礎を与えていただいた。さらに、より若い世代の研究者の方々、特に三世紀の危機とディオクレティアヌスについて井上文則氏と大清水裕氏、ユリアヌス帝について中西恭子氏と小坂俊介氏、四世紀の法と社会について田中創氏、政治文化について西村昌洋氏、後期ローマ帝国の官僚制や帝国東西分裂の問題について南雲泰輔氏、以上の皆さんから研究の最前線を教えていただいた。南雲泰輔氏の詳細な学界動向分析と柴野浩樹氏によるホイタッカーの研究書の書評も、本書の叙述の参考になった。なお、重要と知りながらも本書では充分な紙幅をとって説明できなかった四世紀ローマ人の「蛮族」観について、西村昌洋氏の博士論文「後期ローマ帝国における頌辞と政治文化――言説・統治の技法・ローマ理念」が精緻に分析しており、また基軸を説明するだけにとどまった帝国東西分裂についても、南雲泰輔氏の博士論文「ローマ帝国の東西分裂――ローマ帝国解体期の政治行政史的研究」が、テオドシウス帝死後に生じた東西帝国の対立が分裂を決定的にしたことを、高い独創性とともに詳論している。特記しておきたい。

本書の内容は、ここ数年間の大学での講義に基づいているが、講義を聞き意見を聞かせてくれた京都大学の学生、大学院生の皆さんに感謝したい。また、本書は、平成二二〜二四年度科学研究費補助金基盤研究(C)「解体期ローマ帝国の政治動向と社会の様態に関する研究」(代表、南川高志)の研究成果の一部である。構想を立て始めた頃からお目にかかるたびに刺激的な意見を聞かせてくれたオックスフォード大学名誉教授ファーガス・ミラー卿とケンブリッジ大学古典学部長クリストファー・ケリー博士に、感謝とともに小著の完成を報告できることを嬉しく思う。本書はもっと早くに刊行される予定だったが、私の校務多忙で執筆が長らく止まり、岩波書店、特に担当の古川義子さんには迷惑をおかけした。古川さんはそんな私を辛抱強く待ってくださり、第一稿完成後は共著者のごとく助言と激励を惜しまれなかった。心から御礼申し上げる。また、多忙の中、倉皇としてできあがった本書の第一稿を読んで、多くの意見をくださった井上文則氏、藤井崇氏、南雲泰輔氏にも深謝する次第である。もとより、本書に誤りがあるとすればすべて私の責任である。

執筆が滞っているうちに、私は本書を見せたかった大切な人、父と岳父を失った。満腔の謝意を込めて、小著を父と岳父に献じたい。

二〇一三年四月

南川高志

## 本書関連年表

本書に関連する出来事を，ローマ共和政末期から5世紀後半まで記す．360年代以降4世紀末までの記述で(西)としたのは帝国西半，(東)としたのは帝国東半での出来事を示す．

| | |
|---|---|
| 前50年代 | カエサルのガリア遠征．ライン川沿いの地域にローマ軍到達 |
| 前55年 | カエサルのブリテン島遠征(翌年にも) |
| 前48年 | カエサル内乱に勝利，独裁政治を始める |
| 前44年 | カエサル暗殺され，再びローマ国家は内乱状態に |
| 前31年 | オクタウィアヌス，内乱を制する |
| 前27年 | オクタウィアヌス，多くの属州の統治権とアウグストゥスの称号を元老院から与えられる(ローマ皇帝政治の始まり)<br>＊　アルプス以北において，ドルスス(前15年～，ラエティア，ガリアからゲルマニア)とティベリウス(前12年～，ゲルマニアからパンノニア)が軍事行動／後9年，ウァルスの戦い(トイトブルクの森の戦い)．ローマ軍，アルミニウスの軍に殲滅される |
| 14年 | アウグストゥス死去，ティベリウスが皇帝に<br>＊　この頃，ドルススの息子ゲルマニクスがゲルマニアに遠征，16年アルミニウスに勝利．しかし17年首都へ戻り，19年には東方で死去 |
| 43年 | クラウディウス帝のブリテン島遠征．属州ブリタンニア成立 |
| 54年 | ネロ帝治世の始まり(～68年) |
| 68年 | ネロ帝自殺，翌69年にかけて四皇帝が乱立して争う内乱状態に |
| 69年 | ウェスパシアヌスが内乱に勝利して即位．**フラウィウス朝の時代**(～96年)<br>＊　この頃，ライン川沿いの地方は安定化(ライン川西岸は軍政から属州統治へ移管)，一方，ドナウ川沿いの地方は不安定で，皇帝政府は軍団を増強／ライン川中流地域からドナウ川上流地域にかけて人工の防壁(＝リメス)構築開始／ブリテン島では，属州総督アグリコラの |

| | |
|---|---|
| | 軍隊がスコットランドまで到達 |
| 96年 | **ネルウァ帝即位**(〜98年). いわゆる**「五賢帝時代」の始まり** |
| 98年 | **トラヤヌス帝治世の始まり**(〜117年). ドナウ川沿いの地域の安定化を目指す |
| | ＊ 101〜102年, 105〜106年, 2度にわたるダキア戦争でドナウ川の北に初めての属州を設置 |
| 117年 | **ハドリアヌス帝治世の始まり**(〜138年) |
| | ＊ 122年, ブリテン島のイングランド北部に防壁を構築開始(ハドリアヌスの長城) |
| 138年 | **アントニヌス・ピウス帝治世の始まり**(〜161年) |
| | ＊ 140年代, スコットランド南部に防壁を構築(アントニヌスの長城) |
| 161年 | **マルクス・アウレリウス帝治世の始まり**(〜180年) |
| | ＊ 160年代後半から180年までマルコマンニ戦争が継続. ドナウ川沿いの属州が被害を受ける. 当初は北イタリアまで諸部族の侵攻を招くも, 最終段階ではローマ軍がドナウ川を越えて侵攻 |
| 180年 | マルクス・アウレリウス帝没, **五賢帝時代終わる**. コンモドゥス帝治世の始まり(〜192年) |
| 193年 | セプティミウス・セウェルス帝治世の始まり. **セウェルス朝の時代**(〜235年) |
| 211年 | セウェルス帝, 晩年にブリテン島に遠征, スコットランドまで侵攻. この年ヨークで没 |
| 212年 | カラカラが単独皇帝に. アントニヌス(カラカラ)勅令で帝国内のほぼすべての自由民にローマ市民権付与 |
| 224年 | パルティアがササン朝ペルシアに滅ぼされる |
| 235年 | アレクサンデル・セウェルス帝殺害され, **セウェルス朝断絶**. マクシミヌス・トラクス帝即位. いわゆる**「軍人皇帝時代」の始まり** |
| 238年 | マクシミヌス帝に対し元老院が反乱 |
| 251年 | デキウス帝, ゴート族との戦いで敗死 |
| | ＊ 250年代, フランク族が属州ガリアに侵入 |
| | ＊ 250年代末, ローマ帝国はアグリ・デクマテス地域を事実上放棄. アラマンニ族の居住するところとなる |

260年　ウァレリアヌス帝，ササン朝の捕虜に．ガリアで分離帝国が成立し（ガリア帝国），ブリタンニア，ヒスパニアも領有．東方では都市パルミュラの支配が拡大

269年　クラウディウス（2世）帝，ゴート族に勝利

270年　アウレリアヌス帝治世の始まり（〜275年）．この時期にガリア帝国とパルミュラを滅ぼす．属州ダキアを放棄

284年　**ディオクレティアヌス帝即位**

285年　マクシミアヌス，副帝とされる

286年　マクシミアヌス，正帝とされる

293年　2人の副帝が任命され，四帝分治制（テトラルキア）が成立

296年　副帝のコンスタンティウス1世（大帝の父），ブリテン島のローマ支配を回復

305年　ディオクレティアヌス帝とマクシミアヌス帝退位．第2テトラルキア体制始まる

---

306年　コンスタンティウス1世，ヨークで没．副帝セウェルスが西方正帝となるも，**ブリテン島の軍隊がコンスタンティヌス1世を正帝に推戴**．ローマ市ではマクセンティウスが正帝を僭称

307年　セウェルス帝がマクセンティウスに敗死．マクシミアヌスがコンスタンティヌス1世に娘を嫁がせる

308年　カルヌントゥム会談

310年　コンスタンティヌス1世，岳父マクシミアヌスを捕らえ，自殺に追い込む

312年　コンスタンティヌス1世，ミルウィウス橋の戦いでマクセンティウスを敗死させる

313年　コンスタンティヌス1世とリキニウスがミラノで会談．信仰の自由を認める勅令が公示される（ミラノ勅令）

324年　アドリアノープルとクリュソポリスで，コンスタンティヌス1世とリキニウスが戦い，勝利した**コンスタンティヌス1世が唯一の皇帝となる（コンスタンティヌス大帝の誕生）**

---

325年　ニカイア公会議．アリウス派，異端とされる

326年　コンスタンティヌス1世，長子クリスプス，次いで妻ファウスタを処刑

| | |
|---|---|
| 332年 | コンスタンティヌス1世，ゴート族に勝利し，講和条約を結ぶ |
| 337年 | **コンスタンティヌス1世(大帝)没．三子で帝国分割．** コンスタンティノープルで大帝の親族虐殺される |
| 340年 | コンスタンティヌス2世，弟コンスタンスの領土に侵入，北イタリアで敗死 |
| 350年 | コンスタンス殺害され，マグネンティウスが帝位を簒奪する．将軍ウェトラニオが帝位を僭称するが，年末には廃位される |
| 351年 | ガルス，コンスタンティウス2世により副帝とされる．ムルサの戦いでコンスタンティウス2世はマグネンティウスを破る(353年，マグネンティウス自殺) |
| 354年 | 副帝ガルス，廃位され処刑される |
| 355年 | ケルンでシルウァヌスが帝位を僭称，まもなく殺害される／フランク族によるケルン占領／**ユリアヌス，副帝に任じられ，ガリアへ赴任** |
| 356年 | ローマ軍，ケルンを回復する |
| 357年 | 副帝ユリアヌス，ストラスブールの戦いでアラマンニ族軍を破る |
| 359年 | ササン朝ペルシアの攻撃により，アミダ陥落 |
| 360年 | **ユリアヌス，ガリアで軍隊によって正帝と宣言される** |
| 361年 | ユリアヌス，東へ進軍．**コンスタンティウス2世死去．ユリアヌス，コンスタンティノープルに至り，単独皇帝に** |
| 362年 | ユリアヌス，アンティオキアに到着 |
| 363年 | **ユリアヌス，ペルシア遠征で戦死．** ヨウィアヌス即位 |
| 364年 | ヨウィアヌス死去．**ウァレンティニアヌス1世即位．ウァレンスを共同統治者に** |
| 365年 | (東)プロコピウスの反乱おこる |
| 366年 | (東)プロコピウスの反乱鎮圧／(西)ウァレンティニアヌス1世，アラマンニ族と戦う |
| 367年 | (西)「蛮族の共謀」事件発生／ウァレンティニアヌス1世が**グラティアヌスを共同統治者に** |
| 368年 | (西)父テオドシウスがブリテン島のローマ支配を回復 |
| 375年 | (西)**ウァレンティニアヌス1世，クァディ族との交渉中に死** |

**去．幼児ウァレンティニアヌス 2 世が正帝に**

376 年　(東)ゴート族，ドナウ渡河

378 年　(東)アドリアノープルの戦いで，皇帝ウァレンスの軍がゴート族軍に大敗．ウァレンス帝死去

379 年　**グラティアヌス，テオドシウス 1 世を帝国東半担当の皇帝とする**

380 年　テオドシウス 1 世，カトリック派キリスト教を国教と定める

382 年　(東)テオドシウス 1 世，ゴート族を同盟部族とし，属州への定住を認める

383 年　(東)**テオドシウス 1 世，長子アルカディウスを共同統治者に**／(西)ブリテン島でマグヌス・マクシムスが皇帝を僭称，ガリアに侵攻する．グラティアヌス殺害される

387 年　(西)マグヌス・マクシムス，ウァレンティニアヌス 2 世の統治領域に侵入

388 年　テオドシウス 1 世がマグヌス・マクシムスを打倒し，**帝国西半の統治権をウァレンティニアヌス 2 世に戻す**

390 年　(東)テオドシウス 1 世，部下のゴート族将校殺害の報復のため，テッサロニケの住民を殺害，ミラノ司教アンブロシウスに懺悔させられる

392 年　テオドシウス 1 世，異教の全面禁止を命ずる／(西)**ウァレンティニアヌス 2 世死去**，アルボガストがエウゲニウスを帝国西半の皇帝に擁立

393 年　(東)**テオドシウス 1 世，次子ホノリウスも共同統治者に**

394 年　テオドシウス 1 世，エウゲニウスとアルボガストの軍を破り実質的に唯一のローマ皇帝となる

395 年　**テオドシウス 1 世死去，アルカディウスが帝国東半を，ホノリウスが西半を統治**／(東)アラリックがゴート族を率いて移動開始．スティリコの対アラリック作戦中止となる

397 年　スティリコの対アラリック作戦が再度中止に

398 年　(東)アラリック，イリュリクム総司令官に

399 年　(東)宦官のエウトロピウスがコンスルになるも，まもなく失脚．ゴート族出の軍人ガイナスが一時権力を掌握するが，短期間で失脚してコンスタンティノープルを退去．その際，ゴート族出の兵士多数が殺害される

本書関連年表

| | |
|---|---|
| 401年 | アラリックの軍がイタリアに侵入 |
| 402年 | スティリコが2度の戦いでアラリック軍を破る |
| 405年 | ラダガイススの軍がイタリアに侵入 |
| 406年 | スティリコがラダガイススの軍を破る／ヴァンダル族，スエウィ族，アラニ人がライン川を渡って属州に侵入．アラマンニ族とブルグンド族も侵入／ブリテン島で，マルクスらが皇帝を僭称 |
| 407年 | ブリテン島の僭称皇帝コンスタンティヌス3世，ガリアに侵攻 |
| 408年 | **東帝国の皇帝アルカディウス死去**．テオドシウス2世即位．スティリコが陰謀によって処刑される |
| 409年 | ブリテン島住民がコンスタンティヌス3世の任じた総督を放逐してローマ帝国から離反．ヴァンダル族，スエウィ族，アラニ人の勢力はイベリア半島に侵攻 |
| 410年 | アラリック軍がローマ市に侵入，3日間殺戮と略奪をはたらく |
| 411年 | 西ローマ帝国の将軍コンスタンティウスが簒奪帝コンスタンティヌス3世を滅ぼす |
| 412年 | ゴート族が南イタリアからガリアに移動 |
| 418年 | ゴート族，アクィタニアに定住地を与えられる |
| 423年 | **ホノリウス帝死去** |
| 429年 | ヴァンダル族がイベリア半島からアフリカに渡る |
| 430年代 | この時期以降，西ローマ帝国ではアエティウスが実権を握る |
| 439年 | ヴァンダル族がカルタゴを落とす |
| 440年代 | 北アフリカ西部がヴァンダル族の，ブリテン島がサクソン族の支配下に入る |
| 450年代 | フン人の西進 |
| 451年 | カタラウヌムの戦いでフン人敗れる |
| 454年 | アエティウス殺害される |
| 455年 | ヴァンダル族がローマ市を略奪 |
| 476年 | ロムルス・アウグストゥルス帝廃位．イタリアは傭兵隊長オドアケルに支配される |

## 引用出典

スエトニウス『ローマ皇帝伝』國原吉之助訳(岩波文庫，上，1986年)
タキトゥス『年代記』國原吉之助訳(岩波文庫，上，1981年)
ギボン『ローマ帝国衰亡史』中野好夫訳(筑摩書房，3，1981年)
アンミアヌス『歴史』國原吉之助訳(林健太郎・澤田昭夫編『原典による歴史学の歩み』講談社，1974年)
エウナピオス『哲学者およびソフィスト列伝』戸塚七郎訳(ピロストラトス／エウナピオス『哲学者・ソフィスト列伝』戸塚七郎・金子佳司訳，京都大学学術出版会，2001年)
ギボン『ローマ帝国衰亡史』朱牟田夏雄訳(筑摩書房，5，1987年)

## 図版出典

図1－6　Martin Kemkes et al., *Am Rande des Imperiums: Der Limes-Grenze Roms zu den Barbaren*, Jan Theorbecke Verlag / Ostfildern, 2002
図1－9　Wolfgang Selzer et al., *Römische Steindenkmäler: Mainz in römischer Zeit*, Verlag Philipp von Zabern / Mainz, 1988
図1－11　Thomas Fischer, *Die Römer in Deutschland*, Theiss / Stuttgart, 1999
図3－1　Silvia M. Hurter, *Kaiser Roms im Münzporträt: 55 Aurei der Sammlung Götz Grabert*, Theiss / Stuttgart, 2003
図4－1　Varusschlacht im Osnabrücker Land Museum und Park Kalkriese, *2000 Jahre Varusschlacht Konflikt*, Theiss / Stuttgart, 2009
図6－1　David L. Vagi, *Coinage and History of the Roman Empire*, vol. 1, Fitzroy Dearborn Publishers / Chicago & London, 1999
図5－2と図6－2については，Peter Heather, *The Fall of the Roman Empire: A New History of Rome and the Barbarians*, Oxford University Press, 2006の152ページと193ページの地図をそれぞれベースとし，改変を加えて作成した．

本書の参考文献については，『西洋古代史研究』(ISSN 1346-8405)，第13号，2013年，65～75ページに記載している．これは，京都大学附属図書館学術情報リポジトリの次のサイトでも公開している．
http://repository.kulib.kyoto-u.ac.jp/dspace/bitstream/2433/180000/1/aak_13_65.pdf

南川高志

1955年三重県生まれ．1979年京都大学文学部卒業．84年京都大学大学院文学研究科博士後期課程研究指導認定退学．博士(文学)．

西洋古代史専攻．

京都大学名誉教授，佛教大学特任教授．

著訳書に，

『ローマ皇帝とその時代――元首政期ローマ帝国政治史の研究』(創文社，1995年)，『ローマ五賢帝――「輝ける世紀」の虚像と実像』(講談社現代新書，1998年〔講談社学術文庫，2014年〕)，『海のかなたのローマ帝国――古代ローマとブリテン島』(岩波書店，2003年〔増補新版，2015年〕)，ピーター・サルウェイ『古代のイギリス』(翻訳，岩波書店，2005年)，『B.C. 220年――帝国と世界史の誕生』(編著，山川出版社，2018年)，『378年――失われた古代帝国の秩序』(編著，山川出版社，2018年)，『マルクス・アウレリウス――『自省録』のローマ帝国』(岩波新書，2022年)ほか．

新・ローマ帝国衰亡史　　岩波新書(新赤版)1426

2013年5月21日　第1刷発行
2025年10月6日　第11刷発行

著　者　南川高志《みなみかわたかし》

発行者　坂本政謙

発行所　株式会社 岩波書店
〒101-8002 東京都千代田区一ツ橋 2-5-5
案内 03-5210-4000　営業部 03-5210-4111
https://www.iwanami.co.jp/

新書編集部 03-5210-4054
https://www.iwanami.co.jp/sin/

印刷・三秀舎　カバー・半七印刷　製本・牧製本

© Takashi Minamikawa 2013
ISBN 978-4-00-431426-4　　Printed in Japan

# 岩波新書新赤版一〇〇〇点に際して

ひとつの時代が終わったと言われて久しい。だが、その先にいかなる時代を展望するのか、私たちはその輪郭すら描きえていない。二〇世紀から持ち越した課題の多くは、未だ解決の緒を見つけることのできないままであり、二一世紀が新たに招きよせた問題も少なくない。グローバル資本主義の浸透、憎悪の連鎖、暴力の応酬——世界は混沌として深い不安の只中にある。

現代社会においては変化が常態となり、速さと新しさに絶対的な価値が与えられた。消費社会の深化と情報技術の革命は、種々の境界を無くし、人々の生活やコミュニケーションの様式を根底から変容させてきた。ライフスタイルは多様化し、一面では個人の生き方をそれぞれが選びとる時代が始まっている。同時に、新たな格差が生まれ、様々な次元での亀裂や分断が深まっている。社会や歴史に対する意識が揺らぎ、普遍的な理念に対する根本的な懐疑や、現実を変えることへの無力感がひそかに根を張りつつある。そして生きることに誰もが困難を覚える時代が到来している。

しかし、日常生活のそれぞれの場で、自由と民主主義を獲得し実践することを通じて、私たち自身がそうした閉塞を乗り超え、希望の時代の幕開けを告げてゆくことは不可能ではあるまい。そのために、いま求められていること——それは、個と個の間で開かれた対話を積み重ねながら、人間らしく生きることの条件について一人ひとりが粘り強く思考することではないか。その営みの糧となるものが、教養に外ならないと私たちは考える。歴史とは何か、よく生きるとはいかなることか、世界そして人間はどこへ向かうべきなのか——こうした根源的な問いとの格闘が、文化と知の厚みを作り出し、個人と社会を支える基盤としての教養となった。まさにそのような教養への道案内こそ、岩波新書が創刊以来、追求してきたことである。

岩波新書は、日中戦争下の一九三八年一一月に赤版として創刊された。創刊の辞は、道義の精神に則らない日本の行動を憂慮し、批判的精神と良心的行動の欠如を戒めつつ、現代人の現代的教養を刊行の目的とする、と謳っている。以後、青版、黄版、新赤版と装いを改めながら、合計二五〇〇点余りを世に問うてきた。そして、いままた新赤版が一〇〇〇点を迎えたのを機に、人間の理性と良心への信頼を再確認し、それに裏打ちされた文化を培っていく決意を込めて、新しい装丁のもとに再出発したいと思う。一冊一冊から吹き出す新風が一人でも多くの読者の許に届くこと、そして希望ある時代への想像力を豊かにかき立てることを切に願う。

（二〇〇六年四月）

岩波新書より

## 世界史

歴史のなかの貨幣 銅銭がつないだ東アジア　黒田明伸
リンカン　紀平英作
朝鮮民衆の社会史　趙景達
魔女狩りのヨーロッパ史　池上俊一
ジェンダー史10講　姫岡とし子
暴力とポピュリズムのアメリカ史　中野博文
感染症の歴史学　飯島渉
ヨーロッパ史 拡大と統合の力学　大月康弘
アマゾン五〇〇〇年　丸山浩明
ハイチ革命の世界史　浜忠雄
軍と兵士のローマ帝国　井上文則
西洋書物史への扉　髙宮利行
「音楽の都」ウィーンの誕生　ジェラルド・グローマー
マルクス・アウレリウス 『自省録』のローマ帝国　南川高志
古代ギリシアの民主政　橋場弦
曾国藩 「英雄」と中国史　岡本隆司
人種主義の歴史　平野千果子
スポーツからみる東アジア史　高嶋航
スペイン史10講　立石博高
ヒトラー　芝健介
ユーゴスラヴィア現代史〔新版〕　柴宜弘
東南アジア史10講　古田元夫
チャリティの帝国　金澤周作
太平天国　菊池秀明
ドイツ統一　アンドレアス・レダー　板橋拓己訳
人口の中国史　上田信
カエサル　小池和子
世界遺産　中村俊介
奴隷船の世界史　布留川正博
独ソ戦 絶滅戦争の惨禍　大木毅
イタリア史10講　北村暁夫
フランス現代史　小田中直樹
移民国家アメリカの歴史　貴堂嘉之
フィレンツェ　池上俊一
マーティン・ルーサー・キング　黒﨑真
ナポレオン　杉本淑彦
ガンディー 平和を紡ぐ人　竹中千春
イギリス現代史　長谷川貴彦
ロシア革命 破局の8か月　池田嘉郎
天下と天朝の中国史　檀上寛
孫文　深町英夫
古代東アジアの女帝　入江曜子
新・韓国現代史　文京洙
ガリレオ裁判◆　田中一郎
人間・始皇帝　鶴間和幸
袁世凱　岡本隆司
二〇世紀の歴史　木畑洋一
イギリス史10講　近藤和彦
植民地朝鮮と日本◆　趙景達
シルクロードの古代都市　加藤九祚

## 岩波新書より

中華人民共和国史〔新版〕　天児　慧
物語 朝鮮王朝の滅亡◆　金　重明
新・ローマ帝国衰亡史　南川高志
近代朝鮮と日本　趙　景達
マヤ文明　青山和夫
北朝鮮現代史◆　和田春樹
四字熟語の中国史◆　冨谷　至
李　鴻　章◆　岡本隆司
新しい世界史へ　羽田　正
パ　リ　都市統治の近代　喜安　朗
ウィーン　都市の近代　田口　晃
空爆の歴史　荒井信一
ジャガイモのきた道　山本紀夫
フランス史10講　柴田三千雄
奇人と異才の中国史　井波律子
ドイツ史10講　坂井榮八郎
ニューヨーク◆　亀井俊介
離散するユダヤ人　小岸　昭
現代史を学ぶ　溪内　謙
アメリカ黒人の歴史〔新版〕　本田創造

フットボールの社会史　F・P・マグーンJr　忍足欣四郎訳
コンスタンティノープル千年　渡辺金一
ペスト大流行　村上陽一郎
ピープス氏の秘められた日記　臼田　昭
シベリアに憑かれた人々　加藤九祚
インカ帝国◆　泉　靖一
漢の武帝◆　吉川幸次郎
孔　子　貝塚茂樹
中国の歴史 上・中・下◆　貝塚茂樹
アリストテレスとアメリカ・インディアン　L・ハンケ　佐々木昭夫訳
フランス革命小史◆　河野健二
魔女狩り　森島恒雄
風土と歴史◆　飯沼二郎
考古学とは何か　V・G・チャイルド　近藤義郎　木村祀子訳
ヨーロッパとは何か　増田四郎
世界史概観 上・下　H・G・ウェルズ　長谷部文雄　阿部知二訳

歴史の進歩とはなにか◆　市井三郎
歴史とは何か　E・H・カー　清水幾太郎訳
フランス ルネサンス断章　渡辺一夫
チベット　多田等観
奉天三十年 上・下　クリスティー　矢内原忠雄訳
アラビアのロレンス〔改訂版〕◆　中野好夫

シリーズ 中国の歴史
中華の成立 唐代まで　渡辺信一郎
江南の発展 南宋まで　丸橋充拓
草原の制覇 大モンゴルまで　古松崇志
陸海の交錯 明朝の興亡　檀上　寛
「中国」の形成 現代への展望　岡本隆司

シリーズ 中国近現代史
清朝と近代世界 19世紀　吉澤誠一郎
近代国家への模索 1894-1925　川島　真
革命とナショナリズム 1925-1945　石川禎浩

(2025.8)　◆は品切，電子書籍版あり．　(O2)

## 岩波新書より

社会主義への挑戦 1945-1971 久保亨
開発主義の時代へ 1972-2014 高原明生／前田宏子
中国の近現代史をどう見るか 西村成雄

シリーズ アメリカ合衆国史

植民地から建国へ 19世紀初頭まで 和田光弘
南北戦争の時代 19世紀 貴堂嘉之
20世紀アメリカの夢 世紀転換期から一九七〇年代 中野耕太郎
グローバル時代のアメリカ 冷戦時代から21世紀 古矢旬

シリーズ 歴史総合を学ぶ

世界史の考え方 小川幸司／成田龍一 編
歴史像を伝える 成田龍一
世界史とは何か 小川幸司

(2025.8)　◆は品切，電子書籍版あり．(O3)

岩波新書より

## 現代世界

グローバル格差を生きる人びと　友松夕香
わかりあえないイギリス 反エリートの現代政治　若松邦弘
ルポ フィリピンの民主主義　柴田直治
トルコ 建国一〇〇年の自画像　内藤正典
サピエンス減少　原俊彦
ウクライナ戦争をどう終わらせるか　東大作
ルポ アメリカの核戦力　渡辺丘
ミャンマー現代史　中西嘉宏
アメリカとは何か 自画像と世界観をめぐる相剋　渡辺靖
タリバン台頭　青木健太
ネルソン・マンデラ　堀内隆行
日韓関係史　木宮正史
文在寅時代の韓国　文京洙
アメリカ大統領選　久保文明・金成隆一

イスラームからヨーロッパをみる　内藤正典
アメリカの制裁外交　杉田弘毅
ルポ トランプ王国2　金成隆一
2100年の世界地図 アフラシアの時代　峯陽一
フォト・ドキュメンタリー 朝鮮に渡った「日本人妻」　林典子
サイバーセキュリティ◆　谷脇康彦
トランプのアメリカに住む　吉見俊哉
ライシテから読む現代フランス　伊達聖伸
ベルルスコーニの時代　村上信一郎
イスラーム主義　末近浩太
ルポ 不法移民 アメリカ国境を越えた男たち　田中研之輔
習近平の中国 百年の夢と現実　林望
日中漂流　毛里和子
中国のフロンティア　川島真
シリア情勢　青山弘之
ルポ トランプ王国　金成隆一

ルポ 難民追跡 バルカンルートを行く　坂口裕彦
プーチンとG8の終焉◆　佐藤親賢
香港 中国と向き合う自由都市◆　倉田徹・張彧暋
〈文化〉を捉え直す◆　渡辺靖
イスラーム圏で働く　桜井啓子編
中南海 知られざる中国の中枢◆　稲垣清
フォト・ドキュメンタリー 人間の尊厳　林典子
㈱貧困大国アメリカ　堤未果
女たちの韓流　山下英愛
中国の市民社会◆　李妍焱
勝てないアメリカ◆　大治朋子
ブラジル 跳躍の軌跡◆　堀坂浩太郎
非アメリカを生きる◆　室謙二
中国エネルギー事情　郭四志
ルポ 貧困大国アメリカⅡ　堤未果
平和構築　東大作
イスラエル　臼杵陽
アフリカ・レポート　松本仁一

(2025.8)　◆は品切，電子書籍版あり．(E1)

岩波新書より

## 社会

| | |
|---|---|
| 日本人拉致 | 蓮池　薫 |
| 緑地と文化 | 石川幹子 |
| ルポ 軍事優先社会 | 吉田敏浩 |
| アメリカ・イン・ジャパン | 吉見俊哉 |
| 芸能界を変える | 森崎めぐみ |
| 当事者主権〔増補新版〕 | 中西正司・上野千鶴子 |
| 昭和問答 | 田中優子・松岡正剛 |
| 介護格差 | 結城康博 |
| 不適切保育はなぜ起こるのか | 普光院亜紀 |
| なぜ難民を受け入れるのか | 橋本直子 |
| 罪を犯した人々を支える | 藤原正範 |
| 女性不況サバイバル | 竹信三恵子 |
| パリの音楽サロン | 青柳いづみこ |
| 持続可能な発展の話 | 宮永健太郎 |
| 皮革とブランド 変化するファッション倫理 | 西村祐子 |
| 動物がくれる力 教育、福祉、そして人生 | 大塚敦子 |
| 政治と宗教 | 島薗　進編 |
| 超デジタル世界 | 西垣　通 |
| 現代カタストロフ論 | 金子　勝・児玉龍彦 |
| 「移民国家」としての日本 | 宮島　喬 |
| 迫りくる核リスク 〈核抑止〉を解体する | 吉田文彦 |
| 記者がひもとく「少年」事件史 | 川名壮志 |
| 中国のデジタルイノベーション | 小池政就 |
| これからの住まい | 川崎直宏 |
| 検察審査会 | デイビッド・T・ジョンソン・平山真理・福来　寛 |
| ドキュメント〈アメリカ世〉の沖縄 | 宮城　修 |
| 東京大空襲の戦後史 | 栗原俊雄 |
| 土地は誰のものか | 五十嵐敬喜 |
| 民俗学入門 | 菊地　暁 |
| 企業と経済を読み解く小説50 | 佐高　信 |
| 視覚化する味覚 | 久野　愛 |
| ロボットと人間 人とは何か | 石黒　浩 |
| ジョブ型雇用社会とは何か | 濱口桂一郎 |
| 法医学者の使命 「人の死を生かす」ために | 吉田謙一 |
| 異文化コミュニケーション学 | 鳥飼玖美子 |
| モダン語の世界へ | 山室信一 |
| 時代を撃つノンフィクション100 | 佐高　信 |
| 労働組合とは何か | 木下武男 |
| プライバシーという権利 | 宮下　紘 |
| 地域衰退 | 宮崎雅人 |
| 江戸問答 | 田中優子・松岡正剛 |
| 広島平和記念資料館は問いかける | 志賀賢治 |
| コロナ後の世界を生きる | 村上陽一郎編 |
| リスクの正体 | 神里達博 |
| 紫外線の社会史 | 金　凡性 |
| 「勤労青年」の教養文化史 | 福間良明 |
| 5G 次世代移動通信規格の可能性 | 森川博之 |

## 岩波新書より

- 客室乗務員の誕生　山口 誠
- 「孤独な育児」のない社会へ　榊原智子
- 放送の自由　川端和治
- 社会保障再考 〈地域〉で支える　菊池馨実
- 生きのびるマンション　山岡淳一郎
- 虐待死 なぜ起きるのか、どう防ぐか　川崎二三彦
- 平成時代◆　吉見俊哉
- バブル経済事件の深層◆　奥山俊宏・村山 治
- 日本をどのような国にするか　丹羽宇一郎
- なぜ働き続けられない？ 社会と自分の力学　鹿嶋 敬
- 物流危機は終わらない　首藤若菜
- 認知症フレンドリー社会　徳田雄人
- アナキズム 一丸となってバラバラに生きろ　栗原 康
- 総介護社会　小竹雅子
- 賢い患者　山口育子
- 住まいで「老活」　安楽玲子
- 現代社会はどこに向かうか　見田宗介

- EVと自動運転 クルマをどう変えるか　鶴原吉郎
- ルポ 保育格差◆　小林美希
- 棋士とAI　王 銘琬
- 科学者と軍事研究　池内 了
- 原子力規制委員会　新藤宗幸
- 東電原発裁判◆　添田孝史
- 日本問答　田中優子・松岡正剛
- 日本の無戸籍者　井戸まさえ
- 〈ひとり死〉時代のお葬式とお墓　小谷みどり
- 町を住みこなす　大月敏雄
- 歩く、見る、聞く 人びとの自然再生　宮内泰介
- 対話する社会へ　暉峻淑子
- 悩みいろいろ　金子 勝
- 魚と日本人 食と職の経済学　濱田武士
- ルポ 貧困女子　飯島裕子
- 鳥獣害 動物たちと、どう向きあうか　祖田 修
- 科学者と戦争　池内 了

- 新しい幸福論　橘木俊詔
- ブラックバイト 学生が危ない　今野晴貴
- ルポ 母子避難　吉田千亜
- 日本病 長期衰退のダイナミクス◆　金子 勝・児玉龍彦
- 雇用身分社会　森岡孝二
- 生命保険とのつき合い方◆　出口治明
- ルポ にっぽんのごみ　杉本裕明
- 鈴木さんにも分かるネットの未来　川上量生
- 地域に希望あり◆　大江正章
- 世論調査とは何だろうか◆　岩本 裕
- フォト・ストーリー 沖縄の70年　石川文洋
- ルポ 保育崩壊　小林美希
- 多数決を疑う 社会的選択理論とは何か　坂井豊貴
- アホウドリを追った日本人◆　平岡昭利
- 朝鮮と日本に生きる　金 時鐘
- 被災弱者◆　岡田広行
- 農山村は消滅しない　小田切徳美

(2025.8)　◆は品切，電子書籍版あり．　(D2)

## 岩波新書より

| | |
|---|---|
| 復興〈災害〉◆ | 塩崎賢明 |
| 「働くこと」を問い直す | 山崎憲 |
| 原発と大津波 警告を葬った人々 | 添田孝史 |
| 縮小都市の挑戦◆ | 矢作弘 |
| 福島原発事故 被災者支援政策の欺瞞◆ | 日野行介 |
| 日本の年金◆ | 駒村康平 |
| 食と農でつなぐ 福島から◆ | 塩谷弘康 岩崎由美子 |
| 過労自殺〔第二版〕◆ | 川人博 |
| 金沢を歩く | 山出保 |
| ドキュメント 豪雨災害 | 稲泉連 |
| ひとり親家庭 | 赤石千衣子 |
| 女のからだ フェミニズム以後◆ | 荻野美穂 |
| 〈老いがい〉の時代◆ | 天野正子 |
| 子どもの貧困Ⅱ | 阿部彩 |
| 性と法律 | 角田由紀子 |
| ヘイト・スピーチとは何か◆ | 師岡康子 |
| 生活保護から考える◆ | 稲葉剛 |
| かつお節と日本人◆ | 宮内泰介 藤林泰 |
| 家事労働ハラスメント | 竹信三恵子 |
| 福島原発事故 県民健康管理調査の闇◆ | 日野行介 |
| 電気料金はなぜ上がるのか◆ | 朝日新聞経済部 |
| おとなが育つ条件 | 柏木惠子 |
| 在日外国人〔第三版〕 | 田中宏 |
| まち再生の術語集 | 延藤安弘 |
| 震災日録 記憶を記録する◆ | 森まゆみ |
| 原発をつくらせない人びと◆ | 山秋真 |
| 社会人の生き方◆ | 暉峻淑子 |
| 構造災 科学技術社会に潜む危機 | 松本三和夫 |
| 家族という意志◆ | 芹沢俊介 |
| 夢よりも深い覚醒へ◆ | 大澤真幸 |
| 3・11 複合被災◆ | 外岡秀俊 |
| 子どもの声を社会へ | 桜井智恵子 |
| 就職とは何か◆ | 森岡孝二 |
| 日本のデザイン | 原研哉 |
| 脱原子力社会へ◆ | 長谷川公一 |
| 希望は絶望のど真ん中に | むのたけじ |
| 希望のつくり方 | 玄田有史 |
| 生き方の不平等◆ | 白波瀬佐和子 |
| 新しい労働社会 | 濱口桂一郎 |
| 世代間連帯 | 上野千鶴子 辻元清美 |
| 子どもの貧困 | 阿部彩 |
| 子どもへの性的虐待◆ | 森田ゆり |
| 反貧困 | 湯浅誠 |
| 不可能性の時代 | 大澤真幸 |
| 地域の力 | 大江正章 |
| 少子社会日本 | 山田昌弘 |
| 「悩み」の正体 | 香山リカ |
| 変えてゆく勇気◆ | 上川あや |
| 少年事件に取り組む | 藤原正範 |
| 悪役レスラーは笑う◆ | 森達也 |
| いまどきの「常識」◆ | 香山リカ |
| 働きすぎの時代◆ | 森岡孝二 |
| 桜が創った「日本」 | 佐藤俊樹 |
| 生きる意味 | 上田紀行 |
| 社会起業家◆ | 斎藤槙 |

(2025.8)　◆は品切，電子書籍版あり．　(D3)

## 岩波新書より

|  |  |
| --- | --- |
| 逆システム学◆ | 金子勝・児玉龍彦 |
| 豊かさの条件 | 暉峻淑子 |
| クジラと日本人 | 大隅清治 |
| 若者の法則 | 香山リカ |
| 原発事故はなぜくりかえすのか◆ | 高木仁三郎 |
| 証言 水俣病 | 栗原彬編 |
| 日の丸・君が代の戦後史◆ | 田中伸尚 |
| バリアフリーをつくる | 光野有次 |
| ドキュメント 屠場 | 鎌田慧 |
| 現代社会の理論 | 見田宗介 |
| 原発事故を問う◆ | 七沢潔 |
| ディズニーランドという聖地 | 能登路雅子 |
| 原発はなぜ危険か◆ | 田中三彦 |
| 豊かさとは何か | 暉峻淑子 |
| 集落への旅 | 原広司 |
| 異邦人は君ヶ代丸に乗って | 金賛汀 |
| 読書と社会科学 | 内田義彦 |
| 文化人類学への招待◆ | 山口昌男 |
| ビルマ敗戦行記 | 荒木進 |
| 原爆に夫を奪われて | 神田三亀男編 |
| プルトニウムの恐怖◆ | 高木仁三郎 |
| 日本の私鉄 | 和久田康雄 |
| 社会科学における人間 | 大塚久雄 |
| 女性解放思想の歩み | 水田珠枝 |
| 沖縄ノート | 大江健三郎 |
| 沖縄 | 比嘉春潮 |
| 民話 | 関敬吾 |
| 民話を生む人々 | 山代巴 |
| 米軍と農民 | 阿波根昌鴻 |
| 沖縄からの報告 | 瀬長亀次郎 |
| 結婚退職後の私たち | 塩沢美代子 |
| ユダヤ人◆ | J-P・サルトル 安堂信也訳 |
| 社会認識の歩み◆ | 内田義彦 |
| 社会科学の方法 | 大塚久雄 |
| 自動車の社会的費用 | 宇沢弘文 |

(2025.8)　◆は品切，電子書籍版あり．(D4)

## 岩波新書/最新刊から

2068 **セカンド・チャンス**
——「やり直しの人生」シェイクスピアとフロイトに学ぶ——
スティーブン・グリーンブラット、アダム・フィリップス 著
河合祥一郎 訳

やり直すチャンスという、いつの時代も文学的想像力の核心にあった想念をめぐる、文学と精神分析の大家二人による珠玉の一冊。

2069 **戦争と法**
命と暮らしは守られるのか
永井幸寿 著

日本が武力攻撃を受けた場合、平穏な日常はどうなるのか。緊急事態に国は私たちを守ってくれるのか。現実認識を鋭く問い直す。

2070 **グローバル格差を生きる人びと**
——「国際協力」のディストピア——
友松夕香 著

国際詐欺、陰謀論、貧困化する農村と女性たち。アフリカの人びとの目線から「国際協力」の神話を解体し、新たな共存の道を探る。

2071 **ケアの物語**
フランケンシュタインからはじめる
小川公代 著

強者が押しつける「正義」の物語ではなく、尊厳を踏みにじられた人々が紡ぐ〈小さな物語〉を求めて——ケアの物語世界への誘い。

2072 **日本軍慰安婦**
吉見義明 著

前著『従軍慰安婦』刊行後に明らかになった多数の資料や証言も用い、「日本軍慰安婦制度」の全体像と実態をあらためて描き出す。

2073 **南京事件** 新版
笠原十九司 著

南京事件はいかに生じ、推移し、どんな結果を招いたのか。全面戦争への過程や推定死者数等をより精緻に明らかにした増補決定版。

2074 **光の美術 モザイク**
益田朋幸 著

ローマから、ラヴェンナ、そして聖像破壊運動の嵐が吹き抜けたイスタンブールまで、今に残るモザイクを概観し、美の宇宙に迫る。

2075 **イノベーション 普及する条件**
天野友道 著

イノベーションの普及を阻害する「摩擦」の存在と、消費者や企業の個々の選択から生まれる、普及と市場のメカニズムを描く。

(2025.8)